道不远人

《论语》与我们的生活

徐逸超 ◎ 著

开明出版社

图书在版编目（CIP）数据

道不远人：《论语》与我们的生活/徐逸超著. --北京：开明出版社，2024.3
ISBN 978-7-5131-8740-4

Ⅰ.①道… Ⅱ.①徐… Ⅲ.①《论语》-研究 Ⅳ.①B222.25

中国国家版本馆 CIP 数据核字（2024）第 044118 号

出 版 人：陈滨滨
责任编辑：刘赫臣　乔　红
美术编辑：刘昭弘

道不远人——《论语》与我们的生活

作　者：徐逸超
出　版：开明出版社（北京海淀区西三环北路 25 号　邮编 100089）
印　刷：北京汇瑞嘉合文化发展有限公司
开　本：710×1000　1/16
印　张：14.75
字　数：230 千字
版　次：2024 年 3 月第 1 版
印　次：2024 年 3 月第 1 次印刷
定　价：56.00 元

印刷、装订质量问题，出版社负责调换。联系电话：（010）88817647

序

一、伟大的遗产：今天我们为什么要读《论语》？

《论语》作为文化经典以整本书阅读的形式进入中学语文教学以及高考试卷已有几年时间。说起《论语》，很多人最容易想到的可能都是"子曰诗云"之类的圣贤之道，似乎它离我们今天的生活相去甚远。但为什么我们会将《论语》列为中学生必读书目？因为它可能是我们了解中国文化最好也最便捷的一块敲门砖。

汉代思想家王充有言："知今而不知古，谓之盲瞽。"中国文化的传承和发展是一个不断在汲古中创新的过程。想更透彻地了解我们这个民族的种族人群、文化习俗和思维方式及其与西方异质文化间的巨大差异，我们必须对本民族的历史与原创性思想进行研究与反思。想探寻中华文化的复兴之路，也不得不了解我们文化的源流。《论语》记录的是孔子及其弟子的言行，是对中华文明的传承作出卓越贡献的儒家学派最为经典的著作之一，是我们民族伟大的遗产。《论语》在中国历史文化中的地位可与西方《圣经》相比拟。它被称为圣人之学、载道之学、君子治天下之学。它是中国两千多年来政治和社会伦理的基石。读不懂、读不透这本书，就无法进入博大精深的中国文化。读懂了，你会发现，道不远人，经典离我们的生活并不遥远。

卡尔维诺给经典下的一种定义是："经典作品是一些产生某种特殊影响的书，它们要么自己以遗忘的方式给我们的想象力打下印记，要么乔装成个人或集体的无意识隐藏在深层记忆中。"《论语》就是这样一部经典，它将其文化精髓融入了历代中国人，无论是帝王将相还是贩夫走卒的集体无意识之中，千百年来濡润了中国一代又一代读书人的人格底色和精神世界。中国人立身处世的原则，伦理道德的标准，进德修业的纲目，齐家治国的准绳，都能在这部经典中找到答案，它所传承的价值如同滔滔的江水，流淌了千百年依然沛然浩荡。

孔子自古被视为中国历史上第一大圣人，对中国人的人生价值观产生了深远的影响。他当时的弟子子贡评价道："仲尼，日月也，无得而逾焉。"因昼寝被他狠批过的宰予甚至也说"以予观于夫子，贤于尧舜远矣"。后学孟子称"自有生民以来，未有孔子也"。荀子称他为"大儒者"。汉武帝独尊儒术后，后世对孔子的造圣运动愈演愈烈。司马迁称孔子"可谓至圣矣！"王充说"孔子道德之祖，诸子之中最卓者也"。到了南宋朱熹更是以一句"天不生仲尼，万古如长夜"将孔子神化。历代帝王对孔子的封号，诸如"至圣文宣王""大成至圣文宣先师""万世师表"等，更是越来越复杂，越来越崇高。难怪鲁迅说："孔夫子到死了以后……种种的权势者便用种种的白粉给他来化妆，一直抬到吓人的高度。"

自汉武帝时董仲舒"罢黜百家，独尊儒术"以来，原本只是"百家争鸣"中的一家的儒家思想被定为一尊，成为千百年来，中国传统帝制下的官方主流意识形态。孔子也被奉为至圣先师，接受历代士人的顶礼膜拜。但同时，以孔子为代表的儒家原创思想，在历代官方的意识形态化中被不断地附会、改造抑或是扭曲。今人思想中存留的对儒学负面的印象，如"三纲五常""存天理，灭人欲""三从四德"等都来自于两汉经学或宋明理学，都是经后代儒生改造后的非原始儒学。到了新文化运动中，一大批接受了欧风美雨洗礼的新青年提出"打倒孔家店"的口号，对孔子及其儒家口诛笔伐。其实，孔子是被冤枉的，五四青年所反对的严苛的封建礼教并不是孔子的原意。当年，作为五四青年中的一员的张申府提出了他的主张，要"打倒孔家店，救出孔夫子"。他认为把孔子当成教主，罢黜百家，定为一尊，关门锁户，使得学术不得进步，贻害中国两千年，当然要不得，但我们要还原孔子的真面目，真正的孔子最可以代表中国特殊的精神，过去的帝王利用孔子以维持其统治，今日我们可以继续利用孔子以维持民族的生存。

五四以后，传统儒学与西方近代民主、科学思想交流融通产生了近现代新儒学，以探求中国文化和社会的现代化道路中的问题。孔子儒学所倡导的"仁、义、礼、智、信""恭、宽、信、敏、惠""刚、毅、木、讷""内圣外王""礼之用，和为贵"等思想都能在当下释放出新的价值。社会主义核心价值观"三层面十二词"，无论是国家层面的"富强、民主、文明、和谐"，社会层面的"自由、平等、公正、法治"，还是公民层面的"爱国、敬业、诚信、友善"，它们大都与儒家文化一脉相承。"道不远人"，《论语》的精神价值早已成为吉光片羽散落在我们的当下。

世易时移，《论语》章句之要旨固然重要，而当下的我们学经典读古书，是为了更好地做一个现代人。《论语》在古代是写给统治者，或者说一把手看的。今天的普通人去读它，需有一个思考经典现代性，体悟经典当下的价值，让经典活起来的目的。中学生读《论语》，如果他们觉得这部书和自己的生命成长有关，那经典的意义便被激活了。

《论语》对中学生的现代性价值主要可以从"个体生命成长建设"和"社会角色参与"两个维度去看。首先是个体成长中，对人的道德主体性与实践主体性的彰显。"为仁由己""止，吾止也……进，吾往也""人能弘道，非道弘人"都告诉我们德行的提升与事功的进益靠的都是我们自己，每个人需要对自己进退成败负责。同时这些又需要靠"学而时习之""君子无终食之间违仁""仁以为己任"的日常和长期坚持来保持或完成。初高中是学生走向成年，个人主体性确立的关键阶段，最重要的便是懂得自己的人生需要自己掌握，应为自己的人生选择负责。此外，对学生健康人格的养成，《论语》也是一本朴素的德育教科书。例如，它在如下一些方面正在并将持续塑造每一个中国人的精神底色：

（一）人格·尊严·操守

强调利义之辩，认为"义以为上""不义而富且贵，于我如浮云"；

坚持人格操守，鄙斥"巧言令色足恭"的卑劣人格；

追求君子气节，提倡"君子固穷""松柏之志"；

"兴于诗,立于礼,成于乐。"用诗、礼、乐全面塑造人格。

(二) 生命·境界·情怀

德性平等道德追求,认为人人皆可成圣贤的;

强调"德福一致",有德者必有福,君子能够坦坦荡荡,"内省不疚"者不忧不惧;强调自强不息、乐天知命、生命精进,"朝闻道,夕死可矣""不怨天,不尤人"有内省反思与真诚的自我审视精神,强调"吾日三省吾身""见不贤而内自省也"有宽厚平和的民族性格底色,强调"人不知而不愠","温、良、恭、俭、让"。

(三) 使命·担当·超越

首先是超越小我的私利,去关注整个社会、民族、国家乃至人类的整体利益。反对"士而怀居",强调仁者"先难后获""任重道远"。

以人为本、仁民爱物,追求大同的理想主义精神。强调立己达人,渴慕沂水春风的理想社会。

……

黑格尔说《论语》只是一种"常识道德",语含不屑,但大音希声,《论语》的魅力就是汉语的魅力,用让人如沐春风般的话语,短小精悍的文字,传递最质朴又深刻的道德哲理。

其次是个体与他人群体的关系,也即个体的社会角色参与。中学生最主要有子女、学生与国家公民三重社会身份。孔子说的"仁",本身就是在处于人际关系中所表现出来的品格。《论语》讲修身,但古人也好,今人也罢,修身的最终目的不是要到山里隐居或者宅在家中做一个道德完善的标本,与世隔绝的好人,它最终的归宿一定是要完成个体社会化的过程,所谓"修己以安百姓",参与到对和谐有序的人伦与社会秩序的建构中去。《论语》中对"忠""孝""友""为政"等话题的观点对逐渐进入社会的中学生是具有很大启迪意义的。

二、"走进去"与"走出来":中学生该如何读《论语》?

《论语》的阅读史某种意义上能看出中国思想文化的发展史。古人研读经典往往皓首穷经,或训诂,或注疏,或义理,或辞章,或考据。子曰:"中人以上。可以语上也；中人以下，不可以语上也。"学业起步伊始，"中人以下"的中学生阅读《论语》需要理解章句主旨，但不是做学问，无需考镜源流，更重要的是能以经典来关照当下的生活，并与自身不断成长的生命体验相关联。简单来说，就是既要"走进去"，更要"走出来"。

所谓"走进去"就是在理解某一句话中，首先要将其还原到孔子说这句话时的历史文化背景中去，知道孔子是作为一个仰慕西周礼乐文明的文化损益论者，站在礼崩乐坏、周文疲敝的时代中，提出他的救世方略和理想道德范式，还原《论语》章句进入历史文化背景中。《论语》是语录体，有些章节短则不到十个字。阅读它就不单纯或不主要依靠提取信息，或理解作者思想感情的能力了，更需要我们有一定的历史文化知识。比如，谈到学习。孔子当时的学习和我们今天的学习从内容到方式，到目的肯定是有很大不同的，我们需要了解对孔子当时的士人来说，学习是学道为上，明德立志为先，不关注种菜种地等寻常日用，注重的是个人道德的修养，这样我们才能明白为什么"贤贤易色，事父母，能竭其力，事君，能致其身，与朋友交，言而有信，虽曰未学，吾必谓之学矣。"只有了解孝悌之道在中国古代社会不仅仅是一种爱亲的伦理道德，更是一种规范社会等级秩序，用以社会保障的政治制度，你才能更好地明白为什么孝悌是仁之本。我们也只有明白了孔子的道德理想，才能更好地明白儒家"以德治国"的政治方略。

只有站在古人的立场上，带着理解的态度，我们才能做到不苛求古人，看到《论语》所阐发的观点的合理性。比如，孔子说"听讼吾犹人也，必也使无讼乎。"我们不能一上来就批判孔子的这句话导致了中国人法律意识的淡泊，不敢打官司。我们也不能还没弄懂孔子所说的"君子食无求饱，居无求安"是什么意思，就大肆批评，说孔子这是教人小富即安，不思进取。

"走进去"还意味着，中学生要学会将《论语》作为副文本或互参性文本，激活语文教材中的经典古文。《论语》是儒家文化的核心文献，历代儒生的述作都受到圣人之道的价值规训，也都是对这部经典核心思想的一以贯之。如同某位西方哲学家所说，所有两千五百年的西方哲学只不过是对柏拉图哲学的注脚。某种意义上，两千多年的中国儒家文化也是对《论语》的注脚或延展。读懂了《论语》，你会发现语文教材中的经典古文，我们基本都可以梳理总结出它们对《论语》思想的演绎或者论辩，而且覆盖了学习、为政、君子、仁德、忠孝等核心概念。

不必说《荀子·劝学》、韩愈《师说》对《论语》"学习之道"的继承与再阐发了。再以必修下第八单元"责任与担当"的四篇古文《谏太宗十思疏》《答司马谏议书》《阿房宫赋》《六国论》为例，这四篇都属于政论或史论文。学习中我们要理解文章对儒家思想的继承，以及文章作者身上体现出的《论语》中坚守道义、忠于职守、直言进谏的君子品格。

《谏太宗十思疏》，劝诫君王积其德义，居安思危。如果"董之以严刑，振之以威怒。"百姓便"终苟免而不怀仁，貌恭而心不服"，这就是孔子反对的"道之以政，齐之以刑，民免而无耻"和季康子"杀无道以就有道"的为政原则。魏征给出"十戒"，这十条都是从君王修身角度来说的，从此我们可以进一步明确中国文化的逻辑，君王先有身修再求国治。此外，古代的政治是贤人政治，为政就是"先有司，赦小过，举贤才"。君王做道德表率，有了魏征这样的贤才辅助，君王自然"鸣琴垂拱，不言而化"，也就是孔子说的"居其所而众星共之"，唐太宗和魏征的君臣佳话也是孔子"君使臣以礼，臣事君以忠"观点的生动体现。

学习《答司马谏议书》重点不在于分辨王安石与司马光二人孰是孰非，而是从书信中感受王安石在注重祖宗家法，"三年无改于父之道"的北宋王朝，敢于除弊推新，"知其不可而为之"的勇气，以及两位士大夫"其争也君子"的君子品格。

《阿房宫赋》《六国论》以及选择性必修教材的《过秦论》《五代史·伶官传序》都是借古鉴今，针砭时弊的佳作。《阿房宫赋》是针对"游戏无度，狎昵群小"的唐敬宗"大起宫室，广声色"的背景而作。欧阳修也是有感于后唐庄宗"忧劳可以兴国，逸豫可以亡身"的历史教训而作《伶官传序》。唐敬宗有违于孔子所说"居之无倦""子帅以正"的为政之道，以及"节用而爱人，使民以时"的治国策略。李存勖也不能坚持像打天下时一样"先之，劳之""无倦"。勤政是中国政治的优良传统，故杜牧和欧阳修作史论以补时政。《六国论》意指北宋王朝苟安求和，《过秦论》劝谏统治者广施仁义。这类文章或体现了古代士人事君时"勿欺也，而犯之"，敢于犯言直谏的人臣本分；或彰显了儒者勇于反思历史，直面现实的"刚、毅"品质。

选择性必修下"至情至性"这一单元可以视为中国古代文人的人生体验与生命哲思。《陈情表》纠结忠与孝；《项脊轩志》回忆家族的喜与悲；《兰亭集序》感悟生与死；《归去来兮辞》抉择仕与隐；《石钟山记》思考臆断与求真。我们也都可以从《论语》中找到相关内容来呼应。

为什么忠孝选择中，晋武帝同意李密暂时就孝而去忠。这里若结合《论语》中"孝悌也者，其为人之本与""孝慈，则忠"等章句就可以更好地理解。孝悌是君子的本，因为"孝"作为家庭关系和"忠"作为社会关系具有同构性。所谓求忠臣必于孝子之门，晋武帝让李密对祖母"生，事之以礼"也是给了自己以孝治国的国策树立一个标杆，从而吸引孝子忠臣归依朝廷。

学习《项脊轩志》，我们往往被最后一部分叙写枇杷树，思念亡妻的段落所打动。然而，归有光更在意的应该是对走向衰落的家族的感伤。家族的离析和先祖的荣耀，都令他"长号不自禁"，然而长号完之后确是坚信"余区区处败屋中，方扬眉、瞬目，谓有奇景"，对自身振兴家业怀有强烈责任感和使命感。《项脊轩志》是对"慎终追远，民德归厚矣"很好的注解。归有光这是一篇包含了浓厚"追远"情绪的文章。"追远"就是追怀、祭祀先祖，古人会认为后人的任何成就和进步都得益于先祖的庇护，个人在社会上一定不是脱离自己家族的孤立的原子，每个人的奋斗都是为了这个家族的凝聚与荣耀。只有慎终追远，才能让个人的努力落在一个更宏大的家族背景上，才能从祖先的庇护中获得力量，并持续为后世的繁荣创造条件。

王羲之的《兰亭集序》否定《庄子》将生死等量齐观的思想，在乱世中切实感受到聚散生死的生命之痛，感慨人生短暂，快乐不永，功业难成。苏轼在《赤壁赋》中的情绪有与之类似之处，但苏轼却借助庄子思想暂时排遣了这一愁绪。王羲之和苏轼的"痛"，都建立在"逝者如斯夫，不舍昼夜"最朴素的人生感慨，和"四十、五十而无闻焉，斯亦不足畏也已""君子疾没世而名不称焉"的人生与事功焦虑上。孔子虽然反复地说"不患人之不己知"，但都渴求赏识而有用于世。王羲之最后排解这种悲痛的方式是"列序时人，录其所述"，用文章记录下此次盛况，通过立言的方式"求为可知也"，追求不朽。

学习《归去来兮辞》必定会联系到陶渊明的时代背景与人生选择。《论语》中关于"仕与隐""忧道与忧贫"可与这篇的学习互参理解。"天下有道则见，无道则隐""邦有道则仕，邦无道则可卷而怀之"陶渊明的归隐原因除了"质性自然"本性外，也是乱世中求避祸全身考量后的选择；陶渊明亲事稼穑，物质生活俭朴，践行着"君子忧道不忧贫"的训诫；他说"富贵非吾愿"，这点与"一箪食，一瓢饮""不义而富且贵，于我如浮云"孔颜之乐是相契合的。这足见孔子对陶渊明影响之深。

《石钟山记》苏轼最终得出有疑必察，反对主观臆断的求真精神。孔子也强调明察的重要性，只不过《石钟山记》是考察自然现象，而《论语》是察人。"众恶之，必察焉；众好之，必察焉"，"乡人皆好之，何如？"子曰："未可也。""乡人皆恶之，何如？"子曰："未可也。不如乡人之善者好之，其不善者恶之。"强调要有主观独立判断精神。

此外，蒲松龄《促织》生动地体现了"君子之德风，小人之德草。草上之风，必偃"的政治观念，即上有所好，下必甚焉。《苏武传》《与妻书》中苏武、林觉民都无愧志士仁人的称号。我们可以结合《论语》中"志士仁人，无求生以害仁，有杀身以成仁。"，"死而后已，不亦远乎"来理解他们人格的可贵与牺牲精神。学习时，我们可以用"岁寒，然后知松柏之后凋也"、"临大节而不可夺也"来评价苏武坚贞不移的气节；用"使于四方，不辱君命"来评价苏武对汉室的忠诚；用"君子喻于义，小人喻于利"来审视卫律对苏武的劝降。

总之，当我们回到文本的历史现场，用《论语》中的思想去提升我们对课文的解读，实现课内文言与《论语》的双向互动，这也是"走进去"学《论语》原则的重要一面。

卡尔维诺关于经典还说过："一部经典作品是一本从不会耗尽它要向读者说的一切东西的书。"它的价值不因时代的变化而有所贬损。《论语》又是可以站在今天的时代中去用它来省察过去或目前的世界的，这就是"走出来"，体悟经典在当下的价值。很多人面对语文教学一直存在一个经典困惑：语文阅读题答案给的分析，文章作者自己写的时候有那个意思吗？在读过中文系或懂一点文学理论的人那里，这其实不是问题。不过，每当被问到这个问题，我总是想到古人曾有一句精辟的解释："作者之用心未必然，而读者之用心未必不然。"有价值的作品就像一枚磁铁，能吸附来自四面八方，不同时代不断叠加地对它的分析阐释，作品生命力就恰恰在于，每个读者都可以用自己的智慧去思考，用自己的经验去阐释，去折射，这是对《论语》的丰富。

"走进来"是理论，"走出去"可以说是运用。"走出去"或勾连历史，或切中现实。如阅读"志士仁人，无求生以害仁，有杀身以成仁"时，我们可以尽可能地上溯到中国历史上一大批为了理想信念和正义事业而不畏牺牲的仁人，通过阅读他们的事迹，来更深地体悟这句话对于中国读书人的影响。在学习究竟是该"以直报怨""以德报怨"还是"以怨报怨"中，我们大可以结合很多社会现实来加以讨论，例如中国外交官阐述中方"以德报德，以直报怨"的原则。往现实一点去说，《论语》中的很多观点其实大可以成为大家议论文写作中有力的理论武器和观点论据。写议论文，表达观点讲求信而有征，《论语》中很多充满睿思的话恰恰道出了常人所不能言，或难以巧言之事理，有时候巧妙地引用很可能成为点睛之笔。

三、义理阐发与现实勾连：全书的编写思路与阅读方法。

《论语》全书共20篇，是一个非常庞杂、相对无序的语录集。所以《论语》的阅读需要梳理出一个框架，将这些散落一地的珍珠串联起来。但这种框架不是唯一的，哪几则章句更适合组合在一起以更好地阐发出《论语》的奥义，这也是见仁见智的。每一本《论语》阅读书目的框架设立，都是读者或编者根据自己的理解进行选取的。每一位读者在阅读中也可以生发出自己的理解或打破原有的理由。

本书内容分为十个专题，涉及孝、友、学、仁、诗礼乐、君子、修身、为政、孔门弟子、教育及孔子其人十个方面。以"问题导引"和二级乃至三级标题形式将每一讲的内容用一条主线串起来，使得每一讲的各章句彼此形成一个体系。

本学案根据"走进去"与"走出来"的原则进行编写。"走进去"的前提条件是先解决文言词句理解的困难。《论语》虽然里面很多词句都已是成语、名言，化用于日常生活中，人们早已日用而不知，但它毕竟是一部古籍，免不了有一些古奥难训的先秦词汇和文言语法，让人读起来很有障碍，故加"注释"和"译文"。"注释"后面的"解读"文字有些是出于我自己的理解，有些是引用或综合古人的说法，有义理阐发，有现实勾连，语言力求通俗，甚至口语化，以帮助大家更好地理解。有些章句的解读会联系当下时代背景或站在中学生视角，帮助大家更好地"走出来"，理解这一章句的历史或现实价值。每讲之后配有"问题与讨论"，也多是和本讲相关的拓展性的思考，供学有余力的同学参考。

《论语》是一部古老的著作，可能不少同学最初接触到的时候对它并没有太多兴趣。这可能受限于大家的年龄与成长经验，也可能是本能地对经典的望而生畏，或者是因为《论语》本身过于厚重和缺乏少年青春气息的特质。这些都没有太大的关系，孔子五十以学《易》，认为"可以无大过矣"。卡尔维诺对于经典还说过"一部经典作品是一本每次重读都好像初读那样带来发现的书"。我们可以不急不慢，努力地，随着成长去接近这一部著作，温故知新，常读常新。

子曰："朝闻道，夕死可矣。"孔子如此迫切地渴望聆听真理教诲。道不远人，希望阅读"载道之学"的《论语》能给大家带来快乐和启迪。

目录

第一讲 "孝悌仁之本"：如何做子女？　　　　　　　　　　001

第二讲 "以友辅仁"：如何交朋友？　　　　　　　　　　　015

第三讲 "学而不厌"：如何做个好学生？　　　　　　　　　028

第四讲 "仁者爱人"：如何当得起一个"仁"字？　　　　　051

第五讲 "兴于诗，立于礼，成于乐"：为何要学诗、礼、乐？　075

第六讲 "文质彬彬，然后君子"：今天还需要提倡做君子吗？　091

第七讲 "修己以安人"：今天我们该如何修身？　　　　　　114

第八讲 "为政以德"：孔子的哪些理念能启发当下的政治？　132

第九讲 "冠者五六人，童子六七人"：谁是孔门好学生？　　168

第十讲 "老者安之，朋友信之，少者怀之"：孔子是个大生命　188

参考书目　　　　　　　　　　　　　　　　　　　　　　221

第一讲

"孝悌仁之本":如何做子女?

学习和思考中国文化的逻辑起点最好从哪里开始?我们认为是:家庭。家族制是中国古代传统社会的基本组织形式,从而家族、宗法制背景下产生的恪守孝悌原则的伦理道德对中国人影响深远。中国之注重孝文化,表现在"孝悌"不仅是出自于人类原始的本能情感需求,更是一种维系家国社会伦理,封建等级秩序的政治性手段。《孝经》:"夫孝,德之本也。"因此,学习《论语》,我们将从"孝"文化入手。

【说文解字】

| 金文 | 小篆 | 楷体 | 甲骨文 | 金文 | 小篆 | 楷体 |

孝,形声,善事父母者也。子承老。

弟,通悌,象形。甲骨文字形,象有绳索围绕于"弋",象竖立有杈的短木桩。绳索捆束木桩,就出现了一圈一圈的"次第"。本义:次第。后引申为兄弟之弟,男子先生为兄,后生为弟。

一、孝悌仁之本

有子[1]曰:"其为人也孝弟[2],而好犯上者,鲜[3]矣;不好犯上[4],而好作乱[5]者,未之有也。君子务本[6],本立而道生[7]。孝弟也者,其为仁之本与!"

——《论语·学而》

【注释】

1. 有子：孔子弟子有若，比孔子小43岁。
2. 孝弟：弟，通"悌"。善事父母曰"孝"，善事兄弟曰"悌"。
3. 鲜（xiǎn）：少。
4. 犯上：冒犯尊上。
5. 作乱：做悖乱法纪之事。
6. 务本：专心致力于根本。务：致力于。
7. 本立而道生：根本已经建立，则仁道即可由此而循序产生。

【译文】

有子说："他的为人，孝顺父母，敬爱兄长，却喜欢冒犯尊上，这种人是很少的；不喜欢冒犯尊上，却喜欢做悖乱法纪之事，这种人从来没有过。君子专心致力于根本，根本树立了，'道'就会产生。孝顺父母，敬爱兄长，这就是'仁'的根本吧！"

【问题导引】

有子认为一个孝悌的人不会犯上作乱，我们该如何理解这样的逻辑？

【解读】

这一章的关键在于有子认为仁之"本"就是孝悌，在家孝顺父母、友爱兄弟，这是本。本立而道生，你的根本立住了，以后的大道就生出来了，也就是说做人的道路就通了。一个人要想做个仁者，从哪儿做起呢？从孝悌开始做起。这句话体现的是一个典型的中国式逻辑：要求忠臣去哪里求？要想找忠臣必须到孝子家去找。尽管忠和孝是经常发生冲突的一组矛盾：一个人为了国家的事情做忠臣，他必然不能做孝子，这叫忠孝不能两全。但是，在这种矛盾的格局中又有一个统一性，就是一个孝子，他爱家庭，他一定忠于国家。所以中国人特别相信人格的这种力量是可以超越这种矛盾的，是可以平移的，所以中国式逻辑是"求忠臣于孝子之门"。另外，这个逻辑里面还有一层含义，教育好的公民，好的教育要从家庭开始。这个非常符合自然，因为我们从小就是在父母的羽翼之下生长的。这就是中国式逻辑，所以好的家庭是塑造好的社会分子的第一摇篮。遵守孝悌之道，是行仁道的根本。

杨树达先生认为，"儒家学说，欲使人本其爱亲敬兄之良知良能而扩大之，由家庭推而至于全国，以及全人类，进而达到大同的境界。所谓'亲亲而仁民，仁民而爱物'"。所以这一切都得以爱亲敬兄之良知为基始，所以说，孝悌为仁之本。

为什么中国从古至今如此看重"孝道"，而在西方却没有产生中国式的孝文化？英文中甚至没有一个专门的词汇来对应汉语中的"孝"。一言以蔽之，这是基于中国农耕文明的习性和传统。

诞生于土壤之上的农耕文明是古老中国最大最根本的国情。农耕文明的人群需要聚族而居，一个个家庭就是一个个劳作的事业社群。早期农业要靠天吃饭，在文明的蒙昧期，对节令和农事时机的把握，对生活中问题的处理，依靠的主要是长者的经验。加之传统社会，用费孝通《乡土中国》里的话来说，是社会变迁速度非常慢的，相对静止的社会。每一代人遇到的问题都是上一代人遇到过的问题，也会是下一代人避免不了的问题。因此，年龄和拥有的世面是乡土社会中一个人最大的优势。年轻人需要从老者那里获得经验的传承，后者自然拥有至高的话语权，对下一代掌握着教化性的权力。中国文化的尊老敬老文化即来源于此。"孝"情生发的社会性根源也与之相关。而西方社会是海洋性文明，是狩猎文明，他们的生活不依赖于贫瘠的土地，充满危险与机遇的大海是西方人需要征服的生存环境，因此在早期的西方社会，身强力壮、能与风浪搏击的年轻人是社会需要的。所以西方社会重商，中国社会重农；西方社会讴歌年轻，中国社会崇尚尊老。所以在中国传统社会，都是以孝治天下，对父母不敬不孝是可以被判处死刑的，原因就在于孝是社会稳定的内在基石。

二、弟子问孝

"孝顺"和"孝敬"是最高频使用到的"孝"的组词。其中"顺"和

"敬"是《论语》中对孝的解释中最重要的两个方面。

【问题导引】

孝顺父母就是对父母言听计从,不去违背他们说的任何事吗?孔子说的"无违"又是什么意思呢?

1. 无违

1.1 无违于礼

孟懿子[1]问孝。子曰:"无违[2]。"樊迟[3]御[4],子告之曰:"孟孙[5]问孝于我,我对曰,'无违'。"樊迟曰:"何谓也?"子曰:"生,事之以礼[6];死,葬之以礼,祭之以礼。"

——《论语·为政》

【注释】

1. 孟懿子:鲁国大夫,他的父亲孟僖子,临死前送孟懿子向孔子学礼。
2. 无违:违背礼节。古人凡背礼者,谓之"违"。
3. 樊迟:名樊须。孔子弟子,小孔子46岁。
4. 御:驾车。这里是给孔子驾车。
5. 孟孙:孟懿子。
6. 事之以礼:包括下文"葬之以礼""祭之以礼"的意思分别是"以礼事之""以礼葬之""以礼祭之"。依一定的礼节侍奉他们(父母)。古代的礼仪有一定的等差。天子、诸侯、大夫、士、庶人各不相同。鲁国大夫孟孙家用礼僭越礼制,不但用诸侯之礼,甚至用天子之礼。孔子的回答是针对现实的回答。

【译文】

孟懿子向孔子问孝道。孔子说:"不要违背礼节。"不久,樊迟替孔子赶车子,孔子便告诉他说:"孟孙向我问孝道,我答复说,不要违背礼节。"樊迟道:"这是什么意思?"孔子道:"父母活着,依规定的礼节侍奉他们;死了，依规定的礼节埋葬他们，祭祀他们。"

1.2 无违于志

子曰："事父母，几¹谏；见志不从，又敬不违；劳²而不怨。"

——《论语·里仁》

【注释】

1. 几（jī）：轻微。
2. 劳：劳苦，一说忧劳。

【译文】

孔子说：侍奉父母，（对他们的过错），要轻微地劝止，若见到他们的心意是不打算听从规劝，仍然恭敬地不触犯他们，虽然劳苦，但不埋怨。

子曰："父在，观其志；父没，观其行；三年无改于父之道，可谓孝矣。"

——《论语·学而》

【译文】

孔子说："他父亲还健在，要观察他的志向；他父亲不在了，要考察他的行为；如果他长期不改变父亲生前合理的做法，就可以说是尽孝了。"

【解读】

孔子说的"无违"不能简单理解为不违背父母说的任何事情。大体来说可以有"无违于礼"与"无违于志"两种情形。

先说"无违于礼"。孔子说"无违"的时候，不是凭空而谈，而是有情境背景的，是针对孟懿子的问孝。因此，我们在读《论语》的时候要适当了解鲁国及春秋末期列国时政背景。周朝建立之初分封了许多诸侯国，各个诸侯国开始都听周天子的号令，可时间一久，诸侯开始各自为政，争霸天下，不把周天子放在眼里。到了春秋末年，诸侯的权力落到了大夫手里，大夫也不听诸侯的了，大夫把诸侯也架空了。也就是说，先是诸侯把周天子架空，然后是大夫把诸侯架空。孔子所处的时代，正是大夫操纵诸侯的时代。孔子是鲁国人，当时鲁国有三大夫：季孙氏、孟孙氏、叔孙氏，这三家控制了鲁国的朝政。孟懿子就是鲁国大夫。孔子最反对越礼，诸侯把天子架空，大夫把诸侯架空，这都是孔子所反对的，认为他们超越了自己的本分。诸侯不安诸侯的本分，想做天子；大夫不安大夫的本分，想控制诸侯，都是越礼，所以当孟懿子来问孝的时候，孔子就说"无违"，你不要超越你的本分。为什么呢？因为孟懿子的父母亲本来只能够享受到一定规格的待遇，可是他不以大夫的规格来侍奉他们，而用诸侯的规格，这就是越礼了，越了本分。所以孔子就说"无违"，你不要超越你的本分，这才是尽孝。超越了你的本分，表面上你是孝，其实你是大不孝。因为他消受不了，你折他的寿啊。

"礼别贵贱"，礼就是等级，讲等级就是讲礼。孔子特别看重在什么位置上适合什么等级的礼。《论语》也记载了孔子病重之时，子路为孔子准备丧事时是按照大夫的规格来安排的，但孔子并不是大夫。所以孔子后来病好了些之后就大骂子路："久矣哉，由之行诈也！……吾谁欺？欺天乎？"说子路这是欺诈。这些当然有很强的时代烙印，放到今天，我们不再讲等级制度了，但不会不讲礼仪。"无违"就是对待父母，要无违于礼，依礼而行，该礼让的时候要礼让，该问候的时候要问候，甚至该有仪式感的时候仪式感也不可缺。

"无违于志"，是不要违背父母的想法，意志，尤其是合理的意志。对待父母的行为想法要理性，侍奉父母时，知道父母有不对的地方，不应该视而不见，而应当及时劝止；若父母不从，仍然要恭敬地不触犯他们，虽然这么做劳苦心累，但不能有怨恨。这与后世盲目地顺从父母的行为大相径庭，但在今天却也会遭到诟病，父母确实有错，难道不应该坚持让他们改正吗？"无违于志"对于小老百姓来说，就是尽量顺从父母的心意，父母诚然有错，子女理应好言劝止。但对于位高权重者来说，孔子说"三年无改于父之道，可谓孝矣"，这句话有言外之意，是说现在的领导人上台之后马上废除前面领导人的做法，一朝天子一朝臣，一上台，就开始人走茶凉，人亡政息，甚至夺权乱政。好的政治应该有延续性，注重政策的稳定，儿子不要肆意废黜父亲的合理政治这就是孝,所以古人强调祖宗家法。当然,这一点还是针对乡土中国,这样相对静态发展缓慢,变革性不强的古代社会来说的,在讲敢于变革、勇于创新的今天我们要思考这一观点的合理性。所以我们读《论语》理解孔子的话要考虑其存在的时代社会背景。

中国孝文化发展到后世开始变形。最典型的就是"二十四孝"中各种反人性的行为,如"郭巨埋儿",家贫为了养母亲,宁愿把儿子给杀死埋了。因为母亲的生命价值是高于子女的。学者钱宁认为,"二十四孝"里"孝子"故事,特点是把"孝"变成了一种必须以子女的彻底牺牲为代价才能完成的任务。这样一来,"孝"由一种亲情变成了一种道德绑架,最终成为一种政治压迫。所以,"五四"新文化运动,很多学者,如吴虞在《新青年》杂志上发表了《家族制度与专制主义之根据》,对以"孝"为核心的旧礼教展开批判。当然,《论语》作为未被意识形态化的原始儒家学说,它的观点很多在今天还能够指导为人子女的我们的言行举止。

【问题导引】

你认为事奉父母物质和精神的照顾哪个更重要?

2. 敬胜于养

子游[1]问孝。子曰:"今之孝者,是谓能养[2]。至于犬马,皆能有养[3];不敬,何以别乎?"

——《论语·为政》

【注释】

1. 子游:名偃,孔子弟子,小孔子45岁。
2. 是谓能养:就是说能以饮食养活父母。
3. 至于犬马,皆能有养:人对于犬马,也能供给食物蓄养它。

【译文】

子游问孝道。孔子说:"现在的所谓孝,就是说能够养活爹娘便行了。照这样,狗马都能够得到饲养;若不存心严肃地孝顺父母,那养活爹娘和饲养狗马怎样去分别呢？"

【解读】

这一则根本上探讨的是孝敬父母，物质和精神的关爱哪个更重要？

子游，是孔子一个很聪明的学生。他问什么是孝。孔子说，现在我们一般人所说的孝就是养活，能养父母，给父母一口饭吃。古人没有养老保险，主要靠养儿防老，这是古代的社会保障制度，所以养老最重要的是要有一口饭吃。可是对犬对马，我们都能养活，家里养条狗养匹马也得给它吃的，两者之间应该有分别。养条狗养匹马，你"不敬"，对它没有敬意。可是要养父母，应该还要有敬意，这就是分别。

"至于犬马，皆能有养"还有另外一种解释，是说若论养，犬也能养自己的爹娘，老的养活小的，小的养活老的，马也是。但是动物之间互相养，跟人类的养不一样。人类的养要有敬意。无论哪种说法，我们对于父母不但要给他们饭吃，还要在精神上关爱他们，精神上使他们得到安慰，这就是人类。当代社会，养儿防老的意识日渐淡化，子女更多成为父母的精神寄托，关爱陪伴的意义胜过金钱。

子夏[1]问孝。子曰："色难[2]。有事，弟子[3]服其劳；有酒食，先生[4]馔。曾[5]是以为孝乎？"

——《论语·为政》

【注释】

1. 子夏：名商，孔子晚年的弟子，小孔子44岁。
2. 色难：侍奉父母，以和颜悦色最为难得。色，指和颜悦色。
3. 弟子：年幼者。
4. 先生：长者或者父兄。
5. 曾：则、就。

【译文】

子夏问孝道。孔子道："儿子在父母前经常有愉悦的容色，是件难事。有事情，年轻人效劳；有酒有肴，年长的人吃喝。难道这就可认为是孝吗？"

【解读】

"色难"，翻译成现代汉语就是好脸子难。现代人，尤其很多男性，人到中年，事业有成了，家里还有个老妈老爸，很难再低声下气跟老爸老妈说话，经常就是横着个脸子，这就是"色难"。所以对爹妈要好言好语。有事小一辈可以做，有酒食老爹老妈先吃。难道这就是孝吗？不够，不但要养，还要敬。这就是儒家的关于孝的说法。两层意思，物质上能养活，精神上能尊重。难吗？不难。但是做起来很难。这就是老话说的，"百善孝为先，论心不论迹，论迹家贫无孝子"。孝子要论心。不能论他做到什么，要论他想到什么。对爹妈想得周到，也就是"敬"这一层。如果说只论迹不论心，那家贫的人就没孝子了。这都是中国一些入情入理的话。所以总之，孝在儒家是两层。一个是要肉体上、物质上养，另外是精神上要敬。

子曰："父母之年[1]，不可不知也。一则以喜，一则以惧。"

——《论语·里仁》

【注释】

1. 年：年纪。

【译文】

孔子说："父母的年纪不能不时时记在心里：一方面因（其高寿）而喜欢，另一方面又因（其寿高）而有所恐惧。"

【解读】

我们当今人，孩子的生日记得很清楚，自己父母的生日记得就未必清楚。父母的生日不可不知，过一年生日，是喜事，也是忧事，喜事是他增了一岁，天增岁月人增寿。忧事就是他离终点又进了一步，这是个矛盾。但是为人子女有了这么个一喜一惧，也正是对父母关爱敬养的表现。这句话很朴素，但很打动人心。

3. 免于担忧

孟武伯¹问孝。子曰："父母唯其疾之忧²。"

——《论语·为政》

【注释】

1. 孟武伯：孟懿子之子。
2. 父母唯其疾之忧：意即"父母唯忧其疾"，父母只担心子女生病。

【译文】

孟武伯向孔子请教孝道。孔子道："做父母的只是为子女的疾病担忧。"

【解读】

这句话有两种解释：一是子女非常担忧父母生病，"其"指的是父母；二是父母只为子女的疾病担忧，"其"指的是子女。从《左传》中的记载，我们可以看出，孟武伯是个横行霸道，勇猛不讲理的人，容易招惹祸端，所以第二种解释更有深意。

孟武伯问孔子什么是孝，孔子说，父母只担心他一件事，什么事情？就是子女的生病。这句话的言外之意是什么？言外之意就是一个孝子，在所有事情上，除了自己主观上控制不了的事情，比如生病，天灾人祸之类的，其他主观上能够控制的事情都不会出问题。也就是说一个孝子，在所有的事情上，除了生病（"疾"），当然还有生大病（"病"），在其他事情上，都不让父母担忧。所谓"孝子不立岩墙之下"，岩墙就是高墙，一个孝子不让自己处在危险的境地，这就是孝道。父母在，自己站在高墙下，结果掉下块砖来，或者飞下什么物体来，把自己砸死了。导致的最大的问题是什么？最大的问题就是父母失去了依靠。古代还说，孝子出门办事走路，都是溜着边儿走，不会主动跟任何人发生冲突。怕打架，三拳两脚被人打死了，或者把人打死了。打死别人就得坐牢，父母又没人养了。所以在儒家的故事中，曾子就说，曾子的儿子有几天不见面，没回来，有人就说你儿子已经死了，但是曾子却说不可能。因为什么？因为我还活着的时候他不敢擅自死亡。这就是一个孝子。我们今天在网上看到一条年轻人无端丧生的报道，比如海边玩水溺水，做极限挑战丧命的，底下留言最多的往往是感叹他父母该怎么办。所以不让父母担忧牵挂也是一种精神上的孝。

子曰："父母在不远游，游必有方。"

——《论语·里仁》

【译文】

孔子说："父母在世，不出远门，如果要出远门，必须有一定的去处。"

【解读】

父母健在的时候，做子女的不要出去远游，这是孝道的一个方面。为什么不远游？因为父母需要子女来侍奉、照顾。但是子女要求学、要出去做事、要从军报国，不得不远游，那怎么办呢？游需要有一定的方向或者理由。你可以离家万里，但是你要给父母写信报平安，要让父母知道你的下落，要随时保持联系。一是为了让他们免于牵挂，二来家里一旦有急事，父母也知道到哪里去找你。

当代社会没有谁能做到"不远游"，父母也不会以是否远游评价子女的孝心。2018年一款叫作《旅行青蛙》的游戏在网络走红，游戏主角是一只青蛙，它独自吃饭，读书，外出旅行。玩家能做的，就是在庭院里采摘三叶草"赚钱"，为它准备餐食，给它整理出发的行囊，然后发现它一声不响地离开，再等它悄无声息地归来。有人说这款游戏的爆火在于它对现实生活的深刻隐喻引发了人们强烈的共鸣。"养蛙"谐音"养娃"，游戏中养蛙的行为与养娃的方式并无不同。前一晚，"蛙儿子"还在桌前吃饭、床上读书，第二天一早，房间里却已不见踪影，玩家也时不时体验了一把空巢老人的复杂心情，只能凭借它从远方寄来的一张张照片去想象"蛙儿子"过得怎样，现在何方。这只远游的青蛙，也是背井离乡，去大城市独自奋斗的年轻人的写照，就像游戏里青蛙寄回的照片，让父母知道我们之"方"，就是对父母的慰藉。

三、临丧必哀

子游曰:"丧致乎哀而止。"

——《论语·子张》

【译文】

子游说:"居丧,能够达到悲哀的程度就可以了。"

曾子曰:"吾闻诸夫子,人未有自致[1]者也,必也亲丧乎!"

——《论语·子张》

【注释】

1. 自致:竭尽全力地表露自己的情感。

【译文】

曾子说:"我听老师说过,人不会自动地充分表露感情,如果有,一定是在父母去世的时候吧!"

【解读】

这两句话可以互相补充。子游的话是劝居丧者不要过度悲伤,有了悲哀之情就可以了。因为儒家是讲礼的节制的,丧礼也是,强调"不以死伤生也"。但曾子转述孔子的话说,人从来没有完完全全表达自己的情感,如果有,那一定是在父母亲的丧事上。"自致"就是陷于丧事的悲哀不能自已,甚至有学者把它翻译成"自愿献出性命"。人在表达对父母的思念的时候,是可以悲恸到气虚无力,乃至哭死过去的。我们今天在很多农村丧礼上还可以看到很多戴孝的子女哭得形销骨立的样子。可能有人觉得有些夸张,但内心的情感需要通过礼的形式外化出来,而且传达给周围的人。曾子说"慎终追远,民德归厚矣"。这种对待丧礼的情感是会影响到社会德行风气的。但另一方面,为了不至于太过作秀,"致乎哀而止",有了哀痛的表现也就足矣了。

子曰:"居上不宽,为礼不敬,临丧不哀,吾何以观之哉?"

——《论语·八佾》

【译文】

孔子说:"居于统治地位,不能宽宏大量,行礼的时候不恭敬,遇丧事时不悲伤哀痛,这个样子,我还用什么来观察他呢?"

【解读】

这一则是孔子针对当时一些统治者的失德来说的。包括对下属不够宽厚,不宽不能得众,会人心尽失;行礼不能敬重,不重则不威,会傲慢怠惰;居丧不能致哀,不哀则没有亲亲的仁之本心。有这三个问题,那这个人就不足观,不会有什么出息。当时所谓礼崩乐坏的礼崩也就表现在老诸侯们不宽、不敬、不哀这些方面。

问题与讨论

1. 阅读以下《论语》中与"孝"有关的几则,并思考后面的问题。

①子曰:"父在,观其志;父没,观其行;三年无改于父之道,可谓孝矣。"《论语·学而》

"三年无改于父之道",孔子认为,做子女的,长期轻易不改变父亲曾经的做法,就是孝。你是否认同?如果你要为孔子这句话做辩护,你可以找到怎样的历史或现实的依据?

②曾子曰:"慎终追远,民德归厚矣!"《论语·学而》

"慎终追远"是什么意思,它与"民德归厚"之间有怎样的因果关系?

③子曰:"事父母,几谏;见志不从,又敬不违;劳而不怨。"《论语·里仁》

这一则中所说的对待父母之道中有哪些是你认可的,哪些是你不赞成的?

2. 对于以下几句话,你怎么看?你认为这些话在古代社会具有怎样的合理性?我们今天应该如何看待这些话?

"不孝有三,无后为大。"

"天下无不是之父母。"

"孝子不立危墙之下。"

"求忠臣必于孝子之门。"

"身体发肤，受之父母，不敢毁伤，孝之始也。"

"百善孝为先，论心不论迹，论迹家贫无孝子。"

3. 为了弘扬孝道，某中学给学生布置了"我为父母洗一次脚"的作业，引起广泛议论。请从下列《论语》两则中择其一，结合该章中的有关内容，谈谈你对这项作业的看法。要求：正确理解句意，自圆其说，条理清楚，180字左右。

①君子务本，本立而道生。孝弟也者，其为仁之本与！

②今之孝者，是谓能养。至于犬马，皆能有养；不敬，何以别乎？

4. 曾子养曾皙，必有酒肉；将彻，必请所与；问有余，必曰："有。"曾皙死，曾元养曾子，必有酒肉；将彻，不请所与；问有余，曰："亡矣。"——将以复进也。此所谓养口体者也。若曾子，则可谓养志也。事亲若曾子者，可也。(《孟子·离娄上》)

请简要说一说孟子所说的"养口体"与"养志"的区别。

5. 2017年5月，第四届中国机器人峰会在浙江余姚召开，一款由宁波智能机器人研究院自主研发的"养老机器人"和大众见面了。这款机器人能语音识别，定位人体方位，发现病人异常，还能抱起病人搬运病人。有媒体推测，这也许意味着"机器人替代子女养老"的时代即将到来。

请根据上面的材料，展开联想和想象，以"'养老机器人'来了"为题，写一篇记叙文。要求：表现科技与人文的相关主题；有细节，有描写。

第二讲

"以友辅仁"：如何交朋友？

"弟子入则孝，出则弟"，"君子入则笃行，出则友贤"。朋友是家人的延伸，在家有父母，出门靠朋友。朋友是诸多社会关系中最重要、最亲密的一部分。你最希望和什么样的人交朋友？你交朋友最看重对方的什么特点或品质？什么样的人你不会和他做朋友？什么样的朋友算是有益的朋友，什么样的朋友算是有害的朋友？朋友如果犯了错误，你会如何对待？《论语》中关于交朋友和朋友相处之道有很多富有哲思性的章句。

【说文解字】

| 甲骨文 | 金文 | 小篆 | 楷体 | 甲骨文 | 金文 | 小篆 | 楷体 |

朋。象形。本义：古代货币单位。"朋"是表达人与人之间的关系，这种关系就像是一串贝用线紧密地连在一起。那么，把人串起来也需要线，这条线就是血缘关系，即原始部落中的氏族关系，封建社会中的宗法关系。

西周青铜器铭文（金文）中"朋友"写做"倗友"，指本家族的亲属或兄弟。所以最早的朋友讲的是亲兄弟。西周后期"朋友"这个词逐渐转为异姓的志同道合者。这里有中国文化的一个逻辑，即我们亲兄弟的情谊可以移到志同道合的异姓友人上。

一、朋友何为？

【问题导引】

你认为人为什么需要交朋友？朋友的意义何在？

1. 切磋进益

子曰："有朋自远方来，不亦乐乎？"

——《论语·学而》

【译文】

有志同道合的人从远处来，不也快乐吗？

曾子曰："君子以文会友，以友辅仁。"

——《论语·颜渊》

【译文】

曾子说："君子用文章学问来会聚朋友，用朋友来帮助我培养仁德。"

【解读】

北京奥运会开幕式上2008名表演者击缶而歌，高呼"有朋自远方来，不亦乐乎？"来欢迎五湖四海、天下八方的宾客，场面十分震撼。回到这一句经典本身，为什么"朋"会从远方而来？朋友从远方而来为何感到快乐？这看似不是问题的问题背后其实是对于究竟什么是朋友的看法。

古人认为"同门曰朋，同志曰友"。一个老师门下的师兄弟是"朋"，志同道合的，有相同旨趣追求的为"友"。这句话想表明，一个君子如果其言善、其德高，则有志同道合者不远千里而来与之同声相应，与之成为同门，互相切磋。与"独学而无友，则孤陋而寡闻"相反，在与朋友的互相讲习中，我们有了更多的收获，彼此增益，这必然是快乐的。对于未成年学子来说，与朋友的交往，尤其是学问品行上的互相交流影响，是他们成长中社会化过程的一个重要的方面。

曾子的这句话和孔子观点是相似的。君子通过诗、书、礼、乐、文化来结交朋友，通过朋友来培养自己的仁德。曾子讲了朋友交游的途径与朋友的作用。朋友应是在文化的共识、心灵的共鸣中结交的，绝不是以酒肉利益相交。孔子说过"朋友切切偲偲（切：敬重切磋的样子。偲：勉励督促的样子）"，希望朋友间互相善意批评来提升德行，真正的朋友可以辅佐自己，帮助自己德行的养成。因为见贤思齐，向朋友的长处学习，自然能提高自己。绝不能把朋友当作相互利用的工具，那样既不会有正直的朋友，也丧失了交朋友的真正意义。这句话对中国读书人的影响是深远的。所以读书人都把朋友当成精神道义之交，当成人格学问辅益之源。

2. 相谋适道

子曰："道不同，不相为谋。"

——《论语·卫灵公》

【译文】

孔子说："主张不同，不互相商议。"

子曰："可与共学，未可与适道[1]；可与适道，未可与立[2]；可与立，未可与权[3]。"

——《论语·子罕》

【注释】

1. 适：往、赴。适道：共同向道。
2. 立：立于道而不变，即坚守道。
3. 权：变通。

【译文】

孔子说："能够一道学习的人，未必会和他志同道合；能够志同道合的人，未必会成为至交；能够成为至交的人，未必会和他通权达变，事事取得一致。"

【解读】

要成为朋友肯定要道相同,各人的道路不同,主张各异,三观不和可以和平相处,但至少是很难做朋友的。

第二则说的是择友的四个境界:与共学、与适道、与立、与权。可以在一间教室,一个师门共同学习,但彼此未必可以成为志同道合的人。大家或学说主张各异,或人生道路不同,或思想价值观有别。管宁割席与华歆断交的故事就是"可与共学,未可与适道"。

能走上共同道路的,但未必可以长久地坚持下去,结成盟友,共同立身于道。"立"就是"三十而立""己欲立而立人"之"立",站稳脚跟,不发生动摇,不仅走得一致,还能坚持下去,走得远。很多朋友之间,创业初期齐心协力,劲往一处使,但往往经历了一些事之后,便不能相互扶持,初心不变。秦末起义的张耳、陈余,起义前是刎颈之交,最终拔剑相向,反目成仇。

能共同立身于道,坚持下去的,未必能与之共同变通。古人讲求"经权之道",常态是"经",变态是"权",前者是原则性,后者是灵活性。朋友之间不仅在原则问题上保持一致,还能在灵活性上也通达权变,彼此之间有了矛盾,出了问题时,能在分歧后经过变通而最终取得一致,这是更高的境界。

李零先生很凝练地把这四个境界,概括为"学道""适道""守道""用道"。

子曰:"德不孤,必有邻。"

——《论语·里仁》

【译文】

孔子说:"品德高尚的人不会孤独,一定有志同道合的人和他做伴。"

【解读】

物以类聚,人以群分。人,尤其是有仁德的人一定不会孤独寂寞,一定会有思想邻近,同气相求的人与他合作为伴。这一句是劝勉别人修德的句子,也表明了朋友是德业之相谋适道者。这句中"邻"还有学者解释为"报答"

的意思，也就是有德行的人，必定得到他人的回报。元代陈天祥解释为"言人之德业不能独成，必有德者居相临近辅导之也"。没有人是一座孤岛，任何人的任何成就都有赖于他周围的人，尤其是朋友的帮助，所以朋友是彼此互相成就的。

【问题导引】

你认为应该多交比自己优秀的朋友还是和自己能力相当的朋友？孔子说"无友不如己者"，那岂不是人人都交不到朋友了吗？

二、多交益友

子曰："君子不重[1]则不威，学则不固。主忠信[2]。无友不如己者。过则勿惮[3]改。"

——《论语·学而》

【注释】

1. 重：厚重、庄重。
2. 主忠信：行事以忠信为主。
3. 惮（dàn）：害怕。

【译文】

孔子说："君子，如果不庄重，就没有威严；即使读书，所学的也不会巩固。要以忠和信两种道德为主。不要跟不如自己的人交朋友。有了过错，就不要怕改正。"

【解读】

这一则我们关注的重点是"无友不如己者"。按照字面的意思，就是不要和不如自己的人交朋友。朱熹就同意这样的观点说："友所以辅仁，不如己，则无益而有损。"什么样是朋友啊？是辅佐我们去行仁道的。假如那个人不如你，就不能辅佐你行仁道，就没用，这是传统的解释，就是不要与比自己差的人交朋友。但这里有个问题，如果都以这样的标准交朋友，最终的结果是谁也没有朋友。对于这句话可以有这么两种新的解释。第一种，《孟子》有一句话叫"尚友古人"，"友"是取法的意思。所以这里"无友不如己者"是不要取法于不如自己的人，这就对了。下象棋，你跟比自己水平高的人下，你是进步的；你和比自己水平低的人下，你老是赢，但水平越来越次，最后变成臭棋篓子。"友"当"取法"讲，这和交朋友没有关系。做人向高标准看齐，见贤思齐。所谓"取法乎上，得乎其中；取法乎中，得乎其下"。第二种，每个朋友身上都有值得自己学习的长处，多看朋友的优点，则没有哪个朋友不如自己。这也就是"择其善者而从之"的意思。我们一般人总爱以己之长度人之短，老是看别人的短处，这就难以交到真正的朋友。

孔子曰："益者三友，损者三友。友直[1]，友谅[2]，友多闻，益矣。友便辟[3]，友善柔[4]，友便佞[5]，损矣。"

——《论语·季氏》

【注释】

1. 直：正直。
2. 谅：诚信。
3. 便辟（pián bì）：便，习熟；辟，譬，宠嬖。习惯做些表面功夫而不能正直待人，喜欢拍马逢迎的人。
4. 善柔：当面奉承背后诋毁。
5. 便佞：巧言口辩，爱夸夸其谈，没有真学问。

【译文】

孔子说："有益的朋友三种，有害的朋友三种。同正直的人交友，同信实的人交友，同见闻广博的人交友，便有益了。同谄媚奉承的人交友，同当面恭维背面毁谤的人交友，同夸夸其谈的人交友，便有害了。"

子曰:"巧言、令色、足恭,左丘明耻之,丘亦耻之。匿怨而友其人,左丘明耻之,丘亦耻之。"

——《论语·公冶长》

【译文】

孔子说:"花言巧语,满脸堆笑,弯曲膝盖以表示恭顺,左丘明以此为耻辱,我也以此为耻辱。把怨恨藏在心底,表面上却同他友善,左丘明以此为耻辱,我也以此为耻辱。"

【解读】

孔子谈交友,有"益者三友、损者三友"的观点。有三种朋友能增益于己——"友直、友谅、友多闻":正直的朋友、诚信的朋友、博学多闻的朋友。相反,有三种朋友能减损自己——"友便辟,友善柔,友便佞":善于逢迎拍马的人,工于媚悦而不能诚信待人的人,夸夸其谈,巧言口辩的人。有学者认为"便辟""善柔""便佞"与孔子讨厌的"足恭""令色""巧言"正相对应。其中"足恭"有两种解释,一种是过分地恭敬,充满着媚态和虚伪的样子;另一种把"足"解释为"双腿",两脚做出逢迎恭敬的姿势来讨好人。损者三友的共性就是为人不正,虚伪,很可能会做出内心怨恨表面友好亲善的姿态。左丘明和孔子这样的正人君子都讨厌、远离这样的人。朋友圈就是我们生存的环境,与有益的朋友相处,"如入兰芷之室,久而不闻其香",与有问题的朋友相处,"如入鲍鱼之肆,久而不闻其臭"。

《论语》在"益者三友"之后一则便是"益者三乐",其中一种有益处的快乐便是"乐多贤友",以友为镜,见贤思齐来提升自己,这是一种快乐。

三、朋友如何相处

【问题导引】

你对待朋友有哪些必须要遵从的原则呢?

1. "信"是准则

曾子曰:"吾日三省吾身:为人谋而不忠乎?与朋友交而不信乎?传不习乎?"

——《论语·学而》

【译文】

曾子说:"我每天多次自己反省:替别人办事是否尽心竭力了呢?同朋友往来是否诚实呢?老师传授我的学业是否复习了呢?"

子曰:"弟子入则孝,出则悌,谨而信,泛爱众,而亲仁。行有余力,则以学文。"

——《论语·学而》

【译文】

孔子说:"后生小子,在父母跟前,就孝顺父母;离开自己房子,便敬爱兄长;寡言少语,说则诚实可信,博爱大众,亲近有仁德的人。这样躬行实践之后,有剩余力量,就再去学习文献。"

子夏曰:"贤贤易色;事父母,能竭其力;事君,能致其身;与朋友交,言而有信。虽曰未学,吾必谓之学矣。"

——《论语·学而》

【译文】

子夏说:"对妻子,重品德,不重容貌;侍奉爹娘,能尽心竭力;服事君上,能豁出生命;同朋友交往,说话诚实守信。这种人,虽说没学习过,我一定说他已经学习过了。"

【解读】

中国人常说"五伦",即君臣、父子、兄弟、夫妇、朋友五种人伦关系。不同的关系有对应的不同准则,按照《孟子》的说法"父子有亲,君臣有义,夫妇有别,长幼有序,朋友有信",父慈子孝、兄友弟恭、君礼臣忠。而在平等的朋友之间起约束作用的道德准则是诚信，信实。孔门弟子多次提及与朋友交往，或者出门在外，讲信修睦的重要性，孔子也坦言"朋友信之"是自己的志向之一。不仅因为"人而无信，不知其可"，还因为朋友之间的诚信是可以延伸扩大到治国理政上去的。"信"往小了说是朋友间的坦诚，往大了说是政治上对君主，对人民的诚信："信则人任焉"，要参政，首先要得到统治者的信任。"民无信不立"，要治国必须取信于民，得到百姓的拥护。

2. 恭敬有礼

司马牛忧曰："人皆有兄弟，我独亡[1]。"子夏曰："商闻之矣：'死生有命，富贵在天[2]。'君子敬而无失，与人恭而有礼，四海之内，皆兄弟也。君子何患乎无兄弟也？"

——《论语·颜渊》

【注释】

1. 亡：无。

2. 生死有命，富贵在天：命不由我做主，生死不能自己决定，人谁不欲富贵，然而不能尽富贵，是为境遇所限制。

【译文】

司马牛忧愁地说道："别人都有好兄弟，单单我没有。"子夏道："我听说过：死生听之命运，富贵由天安排。君子只要对待工作严肃认真，不出差错，对待别人辞色恭谨，合乎礼节，天下之大，到处都是好兄弟——君子又何必着急没有好兄弟呢？"

【解读】

《红楼梦》四十五回中宝钗安慰黛玉："咱们也算同病相怜。你也是个明白人，何必作'司马牛之叹'？"说的就是司马牛对自己没有兄弟，孑然无依的感叹。据史载，司马牛不是没有兄弟，他的兄长作恶多端，随时可能会因叛乱而死去。这是司马牛在同学当中说的话，子夏听后就说，我曾经听老师说过,"死生有命,富贵在天"。意思是宽慰司马牛,不要因兄弟的遭遇难过,各人有各人的命。人的命有两种,一种是你可以主宰的,一个是你不可以主宰的。你不可以主宰的,像死生、富贵、出身等,对此就只有顺应。可以主宰的是你自己的德行。怎么主宰呢?君子对待工作严肃认真,不出差错;对人恭敬而有礼貌。其实,"恭而有礼"是"敬而无失"的外在表现,前者是形式,后者是内容,你心中敬了,行为上就会恭而有礼;你心中不敬,行动上就不会恭而有礼。你做到了敬而不失,恭而有礼,那么四海之内都是你的兄弟,又何必担心没有兄弟呢?这也告诉我们保持恭敬有礼的态度对人,无往而不是朋友。美国作家赛珍珠对《水浒传》的书名翻译就用了"四海之内皆兄弟"(All men are brothers)这句。

子夏之门人问交于子张。子张曰:"子夏云何?"对曰:"子夏曰:'可者与[1]之,其不可者拒之。'"子张曰:"异乎吾所闻。君子尊贤而容众,嘉善而矜[2]不能。我之大贤与,于人何所不容?我之不贤与,人将拒我,如之何其拒人也?"

——《论语·子张》

【注释】

1. 与:相与交往。
2. 矜:怜悯。

【译文】

子夏的学生问子张如何交朋友。子张说:"子夏是怎么说的?"答道:"子夏说,'可以交的朋友就交,不可以交的就拒绝他。'"子张说:"这跟我听到的有所不同。君子尊重贤能,也包容大众;嘉勉好人,也怜悯无能者。如果我是个很贤明的人,对别人有什么不能容纳的呢?如果我不贤明,别人将会拒绝我,我怎么能去拒绝别人呢?"

【解读】

这是《论语》中唯一"问交"(问如何交朋友)的一则,可以看出子夏与子张在交友原则上的不同,也透露出二人不一样的性格。子夏和子张的观点都可谓对孔子学说的某一方面进行了发挥。子夏坚守了孔子"无友不如己者""道不同，不相为谋"的训诫，认为能交的朋友就交，不可与之为友的应拒绝与之交往。而子张的交友格局则打得比较开，践行了孔子"泛爱众、而亲仁"的教导，从反思自身的贤能与否出发，尊崇贤者，宽待众人，嘉许善人，哀怜不能者，以自己人格感召人，吸引更多的朋友，而不会去主动拒绝他人。这样看来子夏更狷介，子张更高远。

如果结合同样出自于子夏之口的"四海之内皆兄弟"这句，好像子夏形象前后有所不匹配。所以还有一种解释，子夏子张的不同交友观是孔子因材施教的结果。东汉蔡邕《正交论》："子夏之门人问交于子张，而二子各有闻乎夫子，然则以交诲也。商也宽，故告之以距（拒）人，师也褊（狭隘、狭小），故训之以容众，各从其行而矫之。至于仲尼之正教，则泛爱众而亲仁，故非善不喜，非仁不亲，交游以方，会友以文，可无贬也。"这样看来子夏更宽厚容人，对待朋友是恭敬有礼的。

3. 适度原则

子贡问友。子曰："忠告而善道之，不可则止，毋自辱焉。"

——《论语·颜渊》

【译文】

子贡问与朋友的相处之道。孔子说："忠心地劝告他并好好地开导他，如果不听从就算了，不要自取侮辱。"

子游曰："事君数[1]，斯辱矣；朋友数，斯疏矣。"

——《论语·里仁》

【注释】

1. 数（shuò）：屡屡，烦琐。

【译文】

子游说："进谏君主过于频繁，就会遭受侮辱；劝告朋友过于频繁，反而会被疏远。"

【解读】

这两则可以放在一起读,子贡此处的发问应该是有针对性的,孔子有针对性地回答,记载的时候将其忽略掉了。孔子对子贡朋友相处之道的回答是,朋友有了过错,出于对朋友的忠忱,不可以不告诉他错在什么地方,但是同时要善于劝导朋友。"忠告"指的是态度,"善道"指的是方法。我们既要尽到朋友之谊,竭力地去劝导,但也要注意劝导的方法,不能直来直去。但是他如果不听,那就算了,不要勉强,勉强反而自取其辱。这和"朋友数,斯疏矣"的态度相近。

朋友不能走得太近,朋友之间走动太频繁就烦,所以朋友关系的要点在维持,维持的要点在保持距离。为什么?朋友跟兄弟不一样,兄弟是人情,是恩情,越走越厚,不走就薄了;朋友是道义,交朋友的相通是气类上的相通,是道义上的相通,看问题的方法一样,这才是朋友,所以说一定要保持距离,它不完全是靠交往、来往维持的。

"事君数,斯辱矣;朋友数,斯疏矣。"这句话,李泽厚《论语今读》:"据儒学原典,君臣有相近于朋友一伦的地方,即应有某种独立性。即使臣下对君上的善意忠告,也只能适可而止,不可勉强。这与后世所谓'忠臣不惮辱'、以死相谏等行为颇不相同。连好朋友都不耐烦听你的意见,何况君主?"

子曰:"可与言而不与之言,失人;不可与言而与之言,失言。知者不失人,亦不失言。"

——《论语·卫灵公》

【译文】

孔子说:"可以和他谈的话但没有与他谈,这是错失了人才;不可与他谈及却与他谈了,这是说错了话。聪明的人不错过人才,也不说错话。"

【解读】

很多注本的翻译都将"失人"的"人"翻译成"人才",将这一则理解为为政者的用人之道,这肯定是没有问题的。当然这一则也可以说是交友之道,将"人"理解为朋友,那说的就是交友要拿捏好分寸。有些朋友间可以分享的话题,切磋的学问,甚至私下的言谈如果你错过了,那就是错过了一个朋友。当然,有些不值得你去交往的人,你和他推心置腹,和他谈论道德学问,他也许并不和你意气相投,那你就是错付了,你就是"失言"。所以,交朋友是要有智慧的,要识人的,不是所有人都值得你去说诤言。

问题与讨论

1. 古诗词中你知道多少关于朋友或友谊的诗句?

《诗经·小雅·伐木》

伐木丁丁,鸟鸣嘤嘤。出自幽谷,迁于乔木。嘤其鸣矣,求其友声。
相彼鸟矣,犹求友声。矧伊人矣,不求友生?神之听之,终和且平。

《诗经·小雅·常棣》

兄弟阋于墙,外御其务。每有良朋,烝也无戎。丧乱既平,既安且宁。虽有兄弟,不如友生。

2. 你认可孔子"益者三友,损者三友"的标准吗?结合你的阅读或生活经验,你能举出一些益友、损友的例子吗?除了孔子所说,你觉得还有什么标准可以让一个人称之为益友或损友?

3. 清代文学家张潮《幽梦影》中说:"对渊博友,如读异书;对风雅友,如读名人诗文;对谨饬友,如读圣贤经传;对滑稽友,如阅传奇小说。"你曾在朋友身上阅读到什么人生的道理?

4.《庄子》:"君子之交淡如水,小人之交甘若醴。君子淡以亲,小人甘以绝。"意思是君子的交谊淡得像清水一样,小人的交情甜得像甜酒一样;君子淡泊而心地亲近,小人以利相亲而利断义绝。你同意这个观点吗?你认为朋友应该如何相处?

第三讲

"学而不厌"：如何做个好学生？

《论语》开篇第一个字是什么？"学"。这就是孔子的基本精神：学习。孔子一向以博学著称，其成名源于自己广博的知识，在当时被看作是几乎无所不知的"圣人"。对于学习，孔子还认为应该是快乐，有所得的。学习是开放自己的生命，以虚怀若谷，能容纳万物的精神来改善、提高自己。学习真正的意义是改造我们的人生，把我们的自然人改变成文化人，把生病的人改成精神的人，德行的人。这个就是要做君子，做一个在社会上有价值的人，做一个君子，这是通过学习才能完成的。"学习"是一个古老的命题，在今天应该焕发出新的意义价值。

【说文解字】

学，形声，甲骨文 = ✕(算筹) + ∩ (六，即"庐"，表示房屋)，表示练算习字的房屋。有的甲骨文在算筹 ✕ 两边加 (爪，手)，突出"手把手"教练的含义。小篆 在房屋 ∩ 下面加"子"，表明教的对象。

习，会意。从羽。从羽，与鸟飞有关。本义：小鸟反复地试飞。

【问题导引】

你思考过我们究竟为什么要学习吗？学习的意义何在？

一、学习何为

1. 生而有困

子曰:"由,诲女知之乎!知之为知之,不知为不知,是知也。"

——《论语·为政》

【译文】

孔子说:"由啊,我教给你的,你明白了吗?知道就是知道,不知道就是不知道,这就是真正的'知道'。"

子曰:"生而知之者,上也;学而知之者,次也;困而学之,又其次也;困而不学,民斯为下矣。"

——《论语·季氏》

【译文】

孔子说:"生来就知道的是上等,学习然后知道的是次一等;实践中遇见困难,再去学它,又是再次一等;遇见困难而不学,芸芸众生才沦为最下等啊。"

子曰:"唯上知与下愚不移。"

——《论语·阳货》

【译文】

孔子说:"只有上等的智者和下等的愚人是没法改变的。"

【解读】

"知之为知之,不知为不知,是知也。"不少注本把"是知也"解释为"这就是智慧啊",但李泽厚等学者对这句话还有一种理解,即这一句中所有的"知"都是"知道"的意思——知道就是知道,不知道就是不知道,这才是真正的知道。真正的知道是认识到自己的无知。对于人来说困难的不是知道自己不知道什么，而是不知道自己不知道什么。认识到无知是学习的起点。

从另一个角度说，人类需要学习的最直接原因是"人非生而知之"。知识学问怎么来的？一种是天生聪明智慧，这种人生而无惑，属于"上知"，是不依赖教育，也无法以教育的手段来改变，但这实属美好理想的人格。"生而知之"最多算是有天赋，但天赋离开了学习也会"泯然众人矣"。"人非生而知之者，孰能无惑？"一种是主动通过学习获得知识，孔子认为自己属于这一类；再一种是遇到了困难再去学，孔子说这又再次一等。最下等的是困而不学，这就是"下愚"。生而有困，并不可怕。《中庸》里说"或生而知之，或学而知之，或困而知之，及其知之，一也"。无论你是怎么获取知识的，不管是你天赋异禀，还是后天主观努力，还是被迫学习，好在你都获得了知识，就这个效果来说是一样的。这句可以看出儒家学者劝学的苦心，不问出发点，只要你学了就是好的，最怕的是"困而不学"，因此，第二则的主旨在于为学的人不要以我不是"生而知之者"，我没有某个学科的天赋来作为不学习的托词，而是要以困而不学便会沦为下矣，来自我警戒。人生而有困，学习是摆脱人生困境的最重要途径。

2. 节制德行

子曰："由也！女闻六言[1]六蔽[2]矣乎？"对曰："未也。"

"居！吾语女。好仁不好学，其蔽也愚；好知不好学，其蔽也荡[3]；好信不好学，其蔽也贼[4]；好直不好学，其蔽也绞[5]；好勇不好学，其蔽也乱；好刚不好学，其蔽也狂。"

——《论语·阳货》

【注释】

1. 六言：即下文仁、知、信、直、勇、刚六种品德。
2. 蔽：遮蔽，因遮蔽所带来的毛病、弊端。
3. 荡：无所适守。
4. 贼：败坏。
5. 绞：刺，尖刻伤人。

【译文】

孔子说:"仲由!你听过六种品德和六种弊病吗?"子路回答说:"没有。"

孔子说:"坐!我告诉你。爱好仁却不爱好学习,它的弊病是愚蠢;爱好智慧而不爱学习,它的弊病是放纵;爱好诚信而不爱好学习,它的弊病是容易伤害他人;爱好直率而不爱好学习,它的弊病是说话尖刻刺人;爱好勇敢而不爱好学习,其弊病是容易闹乱闯祸;爱好刚强却不好学习,它的弊病是易与人冲突。"

【解读】

"仁爱、智慧、信实、直率、勇敢、刚强"都是在处理人际关系的时候所表现出来的优秀品质,但如果不能配合学习加以平衡与节制就会产生各种弊端。"六言六弊"便是孔子对处理人际关系和培养人性状态的一种教育,讲的是美德如果没有礼仪的学习指导,脱离了某种度,不能够得中道,一切好的品德也将会变成大毛病。

仁者爱人爱物,但如果不喜好学习,就不知如何选择去施展他的仁,那就会是东郭先生式的仁,或者是关键时刻的妇人之仁,那就会带来愚蠢、憨傻易欺。喜好聪明、智慧而不喜欢学习,就会逞小聪明,只知其一不知其二,或者能博闻却不能专精,浅尝辄止,知识没有稳固性。诚信是一个好品质,但诚信也有是否合宜的考量,这需要学习来明辨。孔子认为"言必信,行必果,硁硁然小人哉"。讲信义、重行为固然是值得称道的,但孔子不认同的就是一个"必"字。尾生抱柱而死就是固执而不知变通的守信,孔子还说过"父为子隐,子为父隐",不然这种诚信就会伤害亲人。喜好直率却不喜欢学习,直肠子言行就容易伤人。孔子也说过"直而无礼则绞"(《论语·泰伯》)这样类似的话。同样,君子之刚、勇能除暴安良,捍卫正义,而缺乏礼仪教化的小人之勇容易犯上作乱、狂妄不羁。

3. 为己之学

【问题导引】

学习生涯十余年，同学们是否认真思考过，究竟为什么要学习？学习是为了谁？

子曰："古之学者为己，今之学者为人。"

——《论语·宪问》

【译文】

孔子说："古代学者的目的在修养自己的学问道德，现代学者的目的却在装饰自己，给别人看。"

子曰："性相近也，习相远也。"

——《论语·阳货》

【译文】

孔子说："人们的本性是相近的，后天的习染使人们之间相差甚远了。"

【解读】

"性相近，习相远"是《三字经》开头的话。"性者，人所禀以生也。"是与生俱来的。我们都知道孟子主张"人性本善"，荀子主张"人性本恶"，孔子不曾说过人性本来的善与恶，但孔子看到的是经过学习改造后人性的变化。学习是一个改造人的社会化的过程，学习善的就会变善，学习恶的就会变恶，它能让人的差距变得非常大。孟子说"人皆可以为尧舜"，在这一点上他也认同孔子，经过学习可以让自身有巨大的飞跃。

那学习为的是谁？如果为的是提高自己的文化素养，道德情操，为了培养自己的兴趣爱好，那就是为己之学。如果学习是为了在他人面前增光显胜，吹牛皮，或者为了满足父母的期待，甚至为了社会压力找饭碗找工作，这些都属于"为人之学"。中国文化是崇古的，孔子也自然好古，古代文献中凡是"古之君子"往往作为完美的形象出现。值得注意的是，古之君子的"为己"不是非常世俗功利层面的为了自己有个好工作、好前途，而是为了个体的价值建立和生命成长。荀子说："君子之学也以美其身，小人之学也，以为禽犊。"（古代多用"禽犊"作为馈赠他人的礼物，这里比喻小人之学，不过是为取悦于人。）这就是这个意思。

学习的意义首先应在于学习者个体本身。陈可辛电影《夺冠》里有一组女排教练郎平和选手朱婷的对话：

郎平：你为什么打球？朱婷：为我爸妈。郎平：那你永远也打不出来。再想，为什么？朱婷：为我自己。

郎平：那你自己要什么？朱婷：成为你。郎平：你搞错了，你永远都不会成为我。你们应该打出你们自己的排球，放开了打，豁出去打。你不用成为我，你只要成为你自己。

上面对话中的"打球"可以理解为"学习"的另一种形式。学习很重要的目的是发现和成就自己。

【问题导引】

在某综艺节目上，某嘉宾批评某博士前来找工作的行为，说"清华大学培养的学生，应该拥有国之重器，胸怀天下的远大理想，而不仅仅是去谋求一个职业，否则我们清华和技校还有什么区别呢？"，并斥责他愧对清华十年教育。很快，该技校校长反驳道："咱们技校就是实打实地学本领，咱们不玩虚的，你学挖掘机就把地挖好，你学厨师就把菜做好，你学裁缝就把衣服做好。咱们技校如果不踏踏实实学本事，那跟清华北大还有什么区别呢？"你如何看待二人的言论？你认为我们学习学的应该是什么？

二、学道为上

樊迟请学稼。子曰："吾不如老农。"请学为圃[1]。曰："吾不如老圃。"

樊迟出。子曰："小人²哉，樊须也！上好礼，则民莫敢不敬；上好义，则民莫敢不服；上好信，则民莫敢不用情³。夫如是，则四方之民襁负⁴其子而至矣，焉用稼？"

——《论语·子路》

【注释】

1. 稼、圃（pǔ）：种植五谷为"稼"，种植菜蔬为"圃"。
2. 小人：此处小人指老百姓或农民之意，非指道德低下之人。
3. 用情：敬服尽忠。
4. 襁负：用襁褓背负。

【译文】

樊迟请求学种庄稼。孔子道："我不如老农民。"又请求学种菜蔬。孔子道："我不如老菜农。"樊迟退了出来。孔子道："樊迟真是小人，统治者讲究礼节，百姓就没有人敢不尊敬；统治者行为正当，百姓就没有人敢不服从；统治者诚恳信实，百姓就没有人敢不说真话。做到这样，四方的百姓都会背负着小儿女来投奔，为什么要自己种庄稼呢？"

子曰："君子谋道不谋食。耕也，馁⁵在其中矣；学也，禄在其中矣。君子忧道不忧贫。"

——《论语·卫灵公》

【注释】

5. 馁（něi）：饥饿。

【译文】

孔子说："君子用心力于学术，不用心力于衣食。耕田，也常常饿着肚皮；学习，常常得到俸禄。君子只着急得不到道，不着急得不到财。"

【解读】

这两则可以放在一起来读。前一则是孔子骂学生樊迟的一段话，孔子批评学生批评得很厉害，骂他是小人。这究竟是为了什么呢？

樊迟向老师求教学习如何种稻种菜，孔子说这些我比不了老农比不了老圃。孔子当时内心很鄙视樊迟的，认为他目光短浅，孔子不是不重视民食，而是孔子认为我们读书人更应该关注的问题是超出于种地吃饭之上更高一层的"道"。即孔子说的"君子谋道不谋食""君子忧道不忧贫"。这个"道"可以理解为"德行""道德""真理"等。学稼学圃这些是小人在下者所干的事情，而读书人是"学而优则仕"。一个读书人，他的职责是安邦定国，致君泽民，怎么能将时间耗费在学习如何种地种菜上面呢？所以孔子说只有在上位的人，当领导的人，也就是孔子及其弟子希望成为的人，都喜欢"礼""义""信"，民众自然而然地就被你吸引过来了，民众没有不服你的，背着孩子都要来投奔你。所以孔子还说过"君子喻于义，小人喻于利"，统治者关心的问题是"义"，而老百姓呢，因为社会地位不够，只能够关心一家一己的生活，关注好自己一亩三分地的利就行了。而统治者不行，他必须有更加高层次的"道"去关注，统治者应有更宏大的视野，应该关注更战略性、理念性的问题。

孔子的话我们今天看来，的确觉得不大能够理解，甚至会觉得孔子很虚伪，孔子时代，就有些隐者说孔子"四体不勤，五谷不分，孰为夫子"。

如果从儒家的治国理念设计出发，孔子的观点就很好理解。孟子也说过"劳心者治人，劳力者治于人"，这是天下通义。有人靠种地吃饭，也有人不靠种地吃饭，尧舜禹这样的贤君，替天下百姓操劳，哪有工夫种地。在上者，读书人所学的应该是效法尧舜，重视陶铸性情，修身务德，只有把书读好了，将来有官做，才有俸禄，这才是一个"士"应该学的东西。如果你每天关注的都只是"谋食"，那眼界过于狭窄，种稻种菜都有丰年荒年的问题，能不能获得食物是不确定的，你可能还会饥馁。"谋道"一定能谋到食，而只"谋食"可能连食都谋不到。大学生刚进入大学，如果不是经济条件太困难，老师一定反对他利用平常时间去做兼职挣外快，因为这就是"谋食"，而进入大学是"谋道"的，是研读专业知识，不能为了小利放弃了更高远的志向。

【问题导引】

如何看待"学而优则仕"和习近平总书记对青年人的寄语"青年要立志做大事，不要立志做大官"两句话？

子夏曰："仕而优¹则学，学而优则仕。"

——《论语·子张》

【注释】

1. 优：有余力。

【译文】

子夏说："做官仍有余力就去学习，学习如果仍有余力就去做官。"

子夏曰："百工居肆²以成其事，君子学以致其道。"

——《论语·子张》

【注释】

2. 肆：手工业作坊

【译文】

子夏说："各种工人居住于其制造场所完成他们的工作，君子则用学习获得道。"

子游曰："子夏之门人小子，当洒扫应对进退³，则可矣，抑末也。本⁴之则无，如之何？"子夏闻之，曰："噫！言游过矣！君子之道，孰先传焉？孰后倦焉？譬诸草木，区以别矣。君子之道，焉可诬也？有始有卒者，其惟圣人乎！"

——《论语·子张》

【注释】

3. 洒扫应对进退：打扫等家务、知晓迎送客人的礼节。

4. 本：根本，即下文所谓"君子之道"，孔子思想。

【译文】

子游说："子夏的学生们，做洒水扫地、接待客人、趋进走退一类的事，是可以的，不过这些只是细枝末节的事。根本的学问却没有学到，这怎么行呢？"子夏听到这话，说："咳！言游说错了！君子的学问，哪些先传授、哪些后传授，以使学习者能不厌倦呢？就好比草木一样，是要分门别类而后由浅入深的。君子的学问，怎么能歪曲呢？有始有终地循序渐进，大概只有圣人吧！"

【解读】

这三则主要都是子夏关于君子学以何为，以及如何学的言论。

"仕而优则学，学而优则仕"这句话现在已经是一句名言了。这里需要注意的是这一则两个"优"字，一般不解释为优良、优秀，不是学习学得好了就去做官，做官做得优秀了就去读书学习。这里的"优"是"裕如"之义，有闲暇，有余力的意思。当然，不优秀，也是没有余力的。"学而优则仕"，这是中国传统社会读书人最主要也是最重要的人生道路，知识分子的个体人生价值和"济世救民""民胞物与"等国家理想使命结合在了一起。在这一点上，做得最漂亮最出色的是宋代文人。范仲淹、欧阳修、王安石、司马光、苏轼，都是做官、治学两不误。然而学而优则仕，是士人之所常；仕而优则学，则似乎不多见。

人人都想学优则仕，不过古代士人做官为的是什么？子夏做的类比很明了：如同工匠在厂房是为了制造出器物，君子终身在学习中是为了探究获得"道"。

子夏认同君子致于道，但并不否定获得道的途径是从洒扫应对进退这样的微末之事入手。子游和子夏的这番对话体现出二人的分歧。子游借点评子夏门人来讥讽子夏，认为子夏之学没有理解孔子的根本，只教学生细枝末节的洒扫应对进退，是丢失根本的。但子夏则认为君子之道不是那么容易传授的，教育一开始便传授君子之道，到了最后还能有始有终地坚持下来，大概只有圣人吧。子夏的意思是一般人教学生，避免不了学生的怠惰天性，他们往往是先学的先懈怠，后学的晚懈怠。如果一上来就教君子之道，难免让学生早生厌倦。教育是讲循序渐进的过程，君子传道也有先教后教的区别。厨师徒弟和师傅学手艺，先练习基本的煎蛋；相声演员学艺，师傅也往往先让干两年粗活。朱熹《大学章句序》："人生八岁，则自王公以下至于庶人之子弟，皆入小学，而教之以洒扫应对进退之节，礼乐射御书数之文。及其十有五年，则自天子之元子众子，以至公卿大夫元士之適子，与凡民之俊秀，皆入大学，而教之以穷理正心修己治人之道。"大学、小学都是君子之学。

三、所学何事

【问题导引】

君子"学道为上"，"道"具体包括哪些内容呢？

子以四教：文、行、忠、信。

——《论语·述而》

【译文】

孔子用四种内容教育学生：历代文献，社会生活的实践，对待别人的忠心，与人交际的信实。

子夏曰："贤贤易色；事父母，能竭其力；事君，能致其身；与朋友交，言而有信。虽曰未学，吾必谓之学矣。"

——《论语·学而》

【译文】

子夏说："对妻子，重品德，不重容貌；侍奉爹娘，能尽心竭力；服事君上，能豁出生命；同朋友交往，说话诚实守信。这种人，虽说没学习过，我一定说他已经学习过了。"

子曰:"弟子入则孝,出则悌,谨而信,泛爱众,而亲仁。行有余力,则以学文。"

——《论语·学而》

【译文】

孔子说:"后生小子,在父母跟前,就孝顺父母;离开自己房子,便敬爱兄长;寡言少语,说则诚实可信,博爱大众,亲近有仁德的人。这样躬行实践之后,有剩余力量,就再去学习文献。"

【解读】

这几则可以放在一起来读,主要谈的都是学什么的问题。

子以四教:文、行、忠、信。孔子在四个方面教育学生:历代文献,生活行为实践,对待别人的忠实,与人交往的信实。有文化教育,有行为实践,更有道德教育。

第二则,贤贤易色,实际上是讲娶妻的标准。这四个字有两种理解。第一种理解,第一个"贤"是动词,第二个"贤"是名词,有贤德的人。贤贤易色的意思就是重视德行替代重视容貌。第二种理解,这个"易"解释为"如",怎么样对待有贤德的人?像对待美色一样地去对待贤德之人。娶妻娶贤,美当然好,能不能踏踏实实跟你一块过日子,这才是最重要的。如果能帮助你处理家庭事务,打理朋友关系,这样的女人最贤。什么是聪明男人呢?贤贤易色。事父母,要竭其力,要懂得孝敬。尽心尽力就是"竭",俗话说:"百日床前无孝子",可是疾风知劲草,百日床前还能做个孝子,这就是竭其力。事君,要能致其身。能致其身就不仅仅是尽心尽力了,需要的时候能把命搭上。与朋友交,言而有信。跟朋友交的时候说什么,算什么。这种人没有读过书,我认为他也是学过的。实际上,子夏的这句话就是强调,儒家的学习非常重要的一个方面就是要修身。儒家最大的学习目标,是使自己变成一个有品质的人。怎么做一个人呢?孝、悌、谨、信,爱人,做得好,咱们还可以再学点文。

【问题导引】

我们今天作为读书人，应该以什么样的精神态度对待学习？

四、学习精神与态度

1. 乐于学习

【问题导引】

你觉得学习中快乐与痛苦哪个更多？我们通常觉得学习痛苦是为什么？

子曰："学而时习之，不亦说乎？"

——《论语·学而》

【译文】

孔子说："学了，然后按一定的时间去实习它，不也高兴吗？"

子曰："知之者不如好之者，好之者不如乐之者。"

——《论语·雍也》

【译文】

孔子说："（对于任何学问和事业，）懂得它的人不如喜爱它的人，喜爱它的人又不如以它为乐的人。"

【解读】

这两则都谈到学习应该是快乐的，从学习中享受到快乐是最高的学习境界。

第一则，孔子认为学习应该按时复习，这个"时习"，是按时复习的意思，有人解释为时时复习，是不对的。"时"在先秦时没有"时时"的用法。

学习了知识，能够按时复习，有了一点收获，不也是很快乐的吗？孔子认为，学习应该是快乐的，提倡快乐学习。但是，他并没有讲怎么快乐学习。这个在他那好像还不成问题。因为，他那是私学，到他那学习不是被强迫来的，是有所追求来的。这些人既然有所追求，那有了收获以后，自然是快乐的。

第二则是孔子谈学问之历程。知、好、乐三层修习功夫，一层比一层进步。如果你仅仅知道记住了一个知识或道理，这是最低层次的，这比不上那些喜爱这一知识道理的人，因为有所收获，体会到了为学的快乐，所以产生了喜好的心理，愿意更进一步地去了解。"乐之"，则是更进一步，达到一种忘我，耽溺，乐此不疲，甚至为之疯狂的状态。所以，要想学点东西，没有点儿"溺狂"劲儿学不好。

2. 择善而从

子曰："见贤思齐，见不贤而内自省也。"

——《论语·里仁》

【译文】

孔子说："看见贤人，便应该想向他看齐；看见不贤的人，便应该自己反省，（有没有同他类似的毛病）。"

子曰："三人行，必有我师焉。择其善者而从之，其不善者而改之。"

——《论语·述而》

【译文】

孔子说："几个人一块走路，其中便一定有可以为我所取法的人。我选取那些优点而学习，看出那些缺点而改正。"

【解读】

这两则意义有相近之处，前面讲交朋友的时候讲"无友不如己者"时说到了相关的观点。交朋友要取法乎上，多向好的学习。不过，这里孔子又说了学习，有正向学习，有反向学习，见到贤的我们学习，这是正向的学习，见到不贤的我们内自省，免除这种毛病，这是反向的学习，《老子》讲"善人者，不善人之师。不善人者，善人之资"，"师""资"就是借鉴。

子贡问曰："孔文子何以谓之'文'也？"子曰："敏而好学，不耻下问，是以谓之'文'也。"

——《论语·公冶长》

【译文】

子贡问道："孔文子为什么谥他'文'的称号呢？"孔子说："他聪明勤勉，喜爱学习，不以向比自己地位低下的人请教为耻，所以谥他'文'的称号。"

曾子曰："以能问于不能，以多问于寡；有若无，实若虚，犯而不校¹。昔者吾友²尝从事于斯矣。"

——《论语·泰伯》

【注释】

1. 犯而不校（jiào）：遭受冒犯，也不计较。
2. 吾友：或认为指的是颜回，或认为指当时孔门诸贤。

【译文】

曾子说："有才能却向没有才能的人请教，知识广博却向知识少的人请教；有学问却像没学问一样，满腹知识却像空虚无所有，即使被冒犯，也不去计较。从前我的一位朋友就是这样做的。"

【解读】

择善而从的对象也包括在某方面"不如己者"，关键在于从人之"善"。不耻下问，清代学者俞樾解释："且所谓'下问'者，必非以贵下贱之谓，凡以能问于不能，以多问于寡，皆是。"这就是曾子的那位朋友的学习品格。人各有其所长，不可能在方方面面都赛过他人，能者不能全能，寡者不至于空无一物。凡是周围的朋友有一丝一毫值得我去学习的地方，那就应该抱着"无"和"虚"的心态去求教。这一点是非常难的。现在很多人但凡觉得自己有点学问，比他人强点，都会到处去显摆自己的水平，看别人都觉得不如自己，如果和别人发生了冲突，那肯定觉得是自己对。而"犯而不校"者却虚心务正。真正一心向学，择善而从的人哪怕与人有了冲突，会觉得这些都是小事，他把精力都放在学业、事业上，没心思计较这些。这种进取之道难能可贵。

3. 不图安逸

子曰："君子食无求饱，居无求安，敏于事而慎于言，就有道而正[1]焉，可谓好学也已。"

——《论语·学而》

【注释】

1. 正：匡正。

【译文】

孔子说："君子，饮食不要求饱足，居住不要求舒适，对工作勤劳敏捷，说话却谨慎，到有道的人那里去匡正自己，这样，可以说是好学了。"

子曰："士志于道，而耻恶衣恶食者，未足与议也。"

——《论语·里仁》

【译文】

孔子说："读书人有志于真理，但又以自己吃粗粮穿破衣为耻辱，这种人，不值得同他商议了。"

子曰："士而怀居[2]，不足以为士矣。"

——《论语·宪问》

【注释】

2. 怀居：留恋家室的安逸。

【译文】

孔子说："读书人而留恋安逸，便不配做读书人了。"

【解读】

一个君子食无求饱，居无求安，灵敏地做事，慎重地说话，另外找有道的人来帮助自己，矫正自己，这就是学习。食无求饱不是指君子刻意要饿着肚子，而是说吃饭的时候不要总是想着吃得精，住房子一定要住得好。这就是说在食和住上要求不要太高，不要总是贪恋家居的温暖。要的是敏于做事，慎于言，就有道而正焉，要善于向别人学习，来匡正自己之得失，这就是好学。儒家的学习体现在生活上，学习做人。

孔子提倡安贫乐道，如果一个"士"，一个君子，吃不了苦，经受不住贫穷的考验，以穿得差、吃得差为耻，这样的人是不值得与之共事的。因为他的欲望太强了。孔子评价申枨，"枨也欲，焉得刚？"（《论语·公冶长》）说申枨有了欲望，哪里能够"刚"呢？"无欲则刚"，有了欲望，很多地方就处处受制于人或者物，人就硬气不起来。孔子又说，"刚毅木讷，近仁"。所以在孔子那里欲望太多，不会是一个仁者。而安贫乐道，往往是仁者的一个表现。所以一个志于道的君子必然在学习上是不图安逸的。

对于今人来说，"恶衣恶食"肯定不是人们读书追求的目标，这句话的意义在于我们不能同一个吃不了物质的苦的人共事，因为他的"被打倒点"太低。古希腊有一个神话，叫阿基里斯之踵，阿基里斯是希腊英雄，但是就是脚后跟不能碰，一箭射到脚后跟就足以致命，这是他的弱点。很多革命者方方面面都很厉害，但就是贪图享受，一点物质利益就能把他收买。《红岩》中的蒲志高就是这样的代表人物。

子曰："三年学，不至于谷[1]，不易得也。"

——《论语·泰伯》

【注释】

1. 穀：禄也，指做官得俸禄。

【译文】

孔子说："读书三年，没想到去做官得俸禄，这是难得的。"

【解读】

至，有想到，意念所至的意思。朱熹说他怀疑这一句中的"至"应当作"志"。孔子鼓励弟子读书入仕，但也看清楚当时很多学生，都是为了谋求进身贵族阶层，获得一份俸禄。但孔子认为"君子忧道不忧贫"，应该在意的是学问中的道义，这才是他所称赞的"君子儒"。不为禄而学习的人少，所以"不易得也"。刚开始读书的时候，就带着功利的目的，想尽快赚钱享受生活，那难以沉浸到学问中去。今天很多大学生也是，进入大学不是想着怎么好好读书，学本专业知识，满脑子更在意的是怎么多做个兼职，多赚点钱，这是孔子所反对的。

4. 勤奋日进

子曰："学如不及，犹恐失之。"

——《论语·泰伯》

【译文】

孔子说："做学问好像（追逐什么似的）生怕赶不上；（赶上了）还生怕丢掉了。"

子夏曰："日知其所亡[1]，月无忘其所能，可谓好学也已矣。"

——《论语·子张》

【注释】

1. 亡：无。

【译文】

子夏说:"每天知道所未知的,每月复习所已能的,可以说是好学了。"

子曰:"温故而知新,可以为师矣。"

——《论语·为政》

【译文】

孔子说:"不断温习旧的知识,并在此基础之上有新体会、新发现,就可以做老师了。"

【解读】

学贵有恒。贵在每时每刻,点点滴滴通过勤奋积累起来的知识学问。《荀子》说过"积微,月不胜日,时不胜月,岁不胜时"。做事按月计算不如按日计算,按季计算不如按月计算,按年计算又不如按季计算。学习,若能每天日拱一卒,知道点自己不知道的,"苟日新,日日新,又日新",那么进一寸便有进一寸的欢喜。"月无忘其所能"每月不会忘记自己之所能,意味着至少每月温习一次,温故而知新,便能学进德立。这一动力是内在强烈的向上之心。"及"是抓住的意思。学问无穷无尽,每天学习好像在追赶一般,犹恐追赶不上,赶上了又怕失去,这是一种勤奋,有强烈进取心的学习态度。

"温故"就是"学而时习之"的意思,对于自己所学的知识能勤奋以待,按时复习或实践,便能够"知新"。"温故"和"知新"间的"而"并非表并列关系的连接词,即为师者既要温故,也要学习新知识、接受新事物,而应将其理解为顺承甚至因果关系,也就是说"知新"的前提是"温故",任何创见都是站在前人甚至巨人的肩膀上的。我们的学习只有建立在勤奋地温故,学习前人的知识经验方法基础上,才能有所日进,进而产生自己新的见解或体悟。孔子说自己"信而好古""述而不作"就是强调他在学习上对过去文化传统的积极继承。我们今天强调中学生要勇于创新、树立创新性思维,但创新不是一拍脑袋说有就有的,创新的思维、产品都离不开对于已有的,尤其是经典的知识的学习。

宰予[1]昼寝，子曰："朽木不可雕也，粪土之墙不可杇[2]也！于予与何诛[3]？"子曰："始吾于人也，听其言而信其行；今吾于人也，听其言而观其行。于予与改是。"

——《论语·公冶长》

【注释】

1. 宰予：字子我，亦称宰我，春秋末鲁国人，孔子著名弟子。
2. 杇（wū）：即"圬"，粉刷。
3. 诛：责备。

【译文】

宰予在白天睡觉。孔子说："腐烂了的木头雕刻不得，粪土似的墙壁粉刷不得。对于宰予么，不值得责备呀。"又说："最初，我对人家，听到他的话，便相信他的行为；今天，我对人家，听到他的话，却要考察他的行为。从宰予的事件以后，我改变了态度。"

【解读】

宰予昼寝，也就是白天睡觉，孔子破口大骂，垃圾做的墙没法涂抹墙皮。为什么会被骂得这么狠？因为这犯了文化的忌讳了。古人用功勤奋以至于"夙夜不懈"。比较一下世界三大贵族群体，古希腊的贵族，甚至可以包括古罗马的贵族，印度的贵族和中国的贵族，这三个贵族中把"勤"奉为人生哲学的只有中国人。古希腊的贵族绝对不提倡这个，他们的贵族提倡的是体育、竞赛健美，是为了荣耀、戴花冠，他不劳动。印度人中婆罗门最贵，据说，印度人尊重婆罗门，每天中午做了饭要把最好的那一部分盛出一部分来等婆罗门来取，后来的佛教，释迦牟尼带的学生们都有饭吃，吃完了以后洗钵子，拿杨柳枝刷牙，干干净净地在那讨饭。他们的文化，都跟"勤"离得很远。唯有中国的典籍《尚书》中有一篇很重要的叫《无逸》，意为不要放逸，"呜呼，君子所其无逸，先知稼穑之艰难"——勤。后来楚庄王训导他的民众，"人生在勤，勤则不匮"。为什么？农业人群。周人是男耕女织的人群，所以特别讲勤劳。白天睡觉就犯忌讳了，所以孔子就斥责他白天睡大觉，就是一块糟木头，没法给你雕刻了。"于予与何诛"，"诛"就是指责，我对宰予还指责什么呢，他白天竟然都睡觉了，我就没法指责他了。

孔子骂宰予，白天睡觉，不勤奋学习是一个原因，还有一个原因是他言行不一，说话不算话。"始吾于人也，听其言而信其行；今吾于人也，听其言而观其行。于予与改是。"孔子说，过去我听一个人说话，就相信他的行为，现在我改变了，都要"听其言而观其行"，没办法了。"于予与改是。"说明什么？说明宰予肯定曾经在老师面前拍胸脯发誓过一定夙夜不懈，勤勉学习，孔子高兴。但这下却抓了个现形，孔子气不打一处来。当然，宰予是孔门四科十哲之一，是很优秀的弟子，孔子这么说也是爱之深责之切罢了。

子曰："譬如为山，未成一篑，止，吾止也。譬如平地，虽覆一篑，进，吾往也。"

——《论语·子罕》

【译文】

孔子说："好比堆土成山，只要再加一筐土便成山了，如果懒得做下去，这是我自己停止的。又好比在平地上堆土成山，纵是刚刚倒下一筐土，如果决心努力前进，还是要自己坚持呵！"

【解读】

这一则中是以打比方的形式形象地表现学习需要的坚韧品格。孔子以堆山为喻，说明进退由己：在平地上堆土，无论是停止还是前进都是你自己的选择。停止是因为懒惰，前进是因为坚持。朱熹说，这句是说君子学贵有恒，"盖学者自强不息，则积少成多，中道而止，则前功尽弃。其止其往，皆在我而不在人也"。

问题与讨论

1.《诗经·魏风·伐檀》："坎坎伐檀兮，置之河之干兮。河水清且涟漪。不稼不穑，胡取禾三百廛兮？不狩不猎，胡瞻尔庭有县貆兮？彼君子兮，不素餐兮！"

"彼君子兮，不素餐兮"，老师们大多都告诉大家这首诗主要讽刺统治者的不劳而获，尸位素餐。但孟子对这句诗，有另一种解读：

公孙丑曰："诗曰'不素餐兮'，君子之不耕而食，何也？"孟子曰："君子居是国也，其君用之，则安富尊荣；其子弟从之，则孝悌忠信。'不素餐兮'，孰大于是。"《孟子·尽心上》

结合本讲我们谈到的孔子对君子或读书人学习之看法，说说你对孟子这句话的理解。

2. 子曰："吾尝终日不食，终夜不寝，以思，无益，不如学也。"（《论语·卫灵公》）"吾尝终日而思矣，不如须臾之所学也。"（《荀子·劝学》）似乎在儒家学者观念中，"学"的地位要高于"思"。你怎么看待"学"与"思"的关系及各自的重要性？

3. 请从下列几个成语中选择一个作为你的座右铭，你会选哪一个呢？请说说你的理由。

学而不厌、见贤思齐、学如不及、敏事慎言、文行忠信

4.《国语》中有叔向贺贫的故事，与孔子"君子忧道不忧贫"的教诲完全相同。阅读下面的短文，思考为什么叔向认为贫可贺，富可忧。

对曰："昔栾武子无一卒之田，其宫不备其宗器，宣其德行，顺其宪则，使越于诸侯。诸侯亲之，戎狄怀之，以正晋国。行刑不疚，以免于难。及桓子，骄泰奢侈，贪欲无艺，略则行志，假货居贿，宜及于难，而赖武之德以没其身。及怀子，改桓之行，而修武之德，可以免于难，而离桓之罪，以亡于楚。夫郤昭子，其富半公室，其家半三军，恃其富宠，以泰于国。其身尸于朝，其宗灭于绛。不然，夫八郤，五大夫，三卿，其宠大矣，一朝而灭，莫之哀也，唯无德也。今吾子有栾武子之贫，吾以为能其德矣，是以贺。若不忧德之不建，而患货之不足，将吊不暇，何贺之有？"

5. 班里要设计一期以"高中的学习"为话题的板报。请结合同学们学习情况，从下面的《论语》选文中任选一句，并据此写一段寄语与大家共勉。要求：正确理解所选句子的意思，内容有针对性，能自圆其说。

①知之者不如好之者，好之者不如乐之者

②古之学者为己，今之学者为人

③学而不思则罔，思而不学则殆

④譬如为山，未成一篑，止，吾止也。

⑤博学而笃志，切问而近思，仁在其中矣。

6. 古人说，"学不可以已"，重视学习是中华民族的优良传统。在当代中国，人们对学习的理解与古人有相同之处，也有不一样的地方。

请以"学习今说"为题目，写一篇议论文。可以从学习的目的、价值、内容、方法、途径、评价标准等方面，任选角度谈你的思考。

要求：论点明确，论据充实，论证合理；语言流畅，书写清晰。

第四讲

"仁者爱人"：如何当得起一个"仁"字？

"仁"不仅是通贯《论语》全书的核心思想，亦为孔子中心思想之所在。"仁"在论语中凡109处，为孔门师生所津津乐道。现代汉语词汇中"仁慈""仁爱""仁义"都是难能可贵的品格，今天我们理解"仁"，往往将其等同为善良、慈悲、仗义等。回到历史现场，孔门弟子屡屡"问仁"或"问为仁"，孔子给出的回答却各不相同，也没有给出一个完整的、确定性的回答。《论语》中"仁"的含义更像是一个概念的集合体。那么《论语》中"仁"究竟是怎样的品格？君子该如何践行仁道？仁者有怎样的境界？古老的"仁"在当下语境中能焕发出怎样新的价值？

【说文解字】

仁 小篆　仁 楷体

仁，会意。《说文》："仁，亲也。"从人从二。郑玄：相人偶。

【问题导引】

阅读"弟子问仁"的部分，你觉得哪些"仁"的解释对你很有启发意义？你能帮孔门弟子提炼出一个更为清晰明确的"仁"的含义吗？

一、弟子问仁

1. 爱人是仁

樊迟问仁。子曰:"爱人"。

——《论语·颜渊》

【译文】

樊迟问什么是仁。孔子道:"爱人。"

2. 克己复礼为仁

颜渊问仁。子曰:"克己复礼[1]为仁。一日克己复礼,天下归仁[2]焉。为仁由己,而由人乎哉?"颜渊曰:"请问其目[3]。"子曰:"非礼勿视,非礼勿听,非礼勿言,非礼勿动。"颜渊曰:"回虽不敏,请事斯语矣。"

——《论语·颜渊》

【注释】

1. 克己复礼:约束自己,使件件事归于礼。
2. 天下归仁:天下都以仁之名归于他,即大家称他为仁人。一说天下百姓都归于仁,这里"克己复礼"的主体泛指众人。
3. 目:纲领。

【译文】

颜渊问仁德。孔子道:"抑制自己,使言语行动都合于礼,就是仁。一旦这样做到了,天下的人都会称许你是仁人。实践仁德,全凭自己,还凭别人吗?"颜渊道:"请问实行仁的纲领。"孔子道:"不合礼的事不看,不合礼的话不听,不合礼的话不说,不合礼的事不做。"颜渊道:"我虽然迟钝,也要实行您这话。"

【解读】

颜回问老师什么是仁,孔子很爱他这个弟子,对他说出了很深刻的一番话："克己复礼"就叫仁。人们对"克己复礼"的理解有不同看法，最普遍一种是朱熹的看法。"克己""复礼"是两个动宾短语。"克己"，克制住自己的私欲；"复"即返回的意思。这句话最重要的就是这个"礼"字。礼制是用来规范人的行为的。"克己复礼"就是要人克制住自己的私欲偏性，但并不是否定消灭欲望，而是使人心、欲望返回到符合礼制上，一切言行都归合于礼，这就是仁。显然，孔子认为国家社会的完善安定与每个个体的道德修养密切相关。一个人能做到这样，天下人都赞许你是个仁者，人人克己复礼，天下就成了充满仁德的天下。这一"仁"的概念的建构，是针对春秋末年礼乐文明的没落，周代老贵族的道德滑坡，精神疲惫，不遵守礼制而提出的切中时弊的看法。

孔子接着又说，"为仁由己，而由人乎哉"，为仁是靠自己，哪能靠别人呢？因为要战胜自己的私心和偏性都必须靠自己，战胜自己是最难的。无论是"克己"还是"由己"都表明了人的主观能动性是行仁的关键。

"克己复礼"是为仁之纲。所以颜回又"请问其目"，问实行仁德的条目。颜回是深深膺服孔子说的道理的，接着问要怎么样才能克己复礼，实现仁德。孔子说，不符合礼的，你不要看；不符合礼的，你不要听；不符合礼的，你不要说；不符合礼的，你不要做。颜回说，我虽然不聪敏，但我要好好地身体力行这几句话。"事斯语"，身体力行这几句话，也就是孔子讲的克己复礼的四条纲目。

《圣经·旧约》有摩西十诫，佛门也有八戒，都是讲要以礼为规矩的。

"克己复礼"是孔子在等级制社会下提出的一个政治伦理学概念。世易时移，站在当今时代背景下，还需要提倡克己复礼吗？有哪些"礼"，我们觉得亟须通过"克己"来复归的吗？当下公共领域的"礼"多外化为规则和秩序，礼让、谦逊，例如排队时不争抢；公共交通里，让老弱病残孕先落座；接受了别人的善意表达感谢。多与人为善，整个社会就显得彬彬有礼，文明和谐了，这就是天下归仁的"礼义之邦"。

3. 仁即忠恕

子曰："参乎！吾道一以贯之。"曾子曰："唯。"子出，门人问曰："何谓也？"曾子曰："夫子之道，忠恕而已矣。"

——《论语·里仁》

【译文】

孔子说："曾参呀！我的学说可以用一个根本的观念贯通起来。"曾参答道："是的。"孔子走出去以后，学生们便问道："这是什么意思？"曾参说："夫子的学说只不过是忠和恕罢了。"

3.1 恕道

仲弓问仁。子曰："……己所不欲，勿施于人。……"

——《论语·颜渊》

【译文】

仲弓问什么是仁。孔子道："……自己所不喜欢的事物，就不强加于别人。……"

子贡问曰："有一言[1]而可以终身行之者乎？"子曰："其恕乎！己所不欲，勿施于人。"

——《论语·卫灵公》

【注释】

1. 一言：一个字。

【译文】

子贡问道："有没有一个字是可以终身奉行的？"孔子道："大概是'恕'吧！自己所不喜欢的事物，就不要强加给别人。"

【解读】

子贡想从老师那获得最最精华，可以奉行一生的，但仅有一个字的训诫。孔子给出的答案是"恕"。为什么是"恕"而不是"仁"字？钱穆先生解释道，既然这个字能终身行之，首先一定得当下就能行之。但"仁"之为道，既重且远，实践上不能片刻完成，而"己所不欲，勿施于人"的"恕"，当下时时刻刻便能做到，仁道也就在其中。

要知道，"己所不欲"，不是简单的自己不喜欢的某种东西，而是指你所不喜欢的别人对待你的某种方式。"己所不欲，勿施于人"，也不是说我不喜欢吃辣，就不让别人吃辣；而是说你如果不喜欢别人强迫你吃辣，你也就不要强迫别人吃辣。它不纯粹是个个体的喜好的问题，而是一种人与人之间，换位思考，推己及人的交往方式问题。这也就是孔子推崇的"恕"道。

如果说《论语》能为古往今来的人类世界贡献多少普世价值，"己所不欲，勿施于人"这八个字是最能代表优秀的中国文化的其中之一。很多民族的经典也表达过类似思想。印度史诗《摩诃婆罗多》宣称："毗耶婆说：你自己不想经受的事，不要对别人做；你自己向往渴求的事，也该希望别人得到——这就是整个的律法，留心遵行吧。"《圣经·新约·马太福音》中讲"你们愿意人怎样待你们，你们也要怎样对待人"（亦有人翻译成"爱人如己"）。《独立宣言》奠基人之一的托马斯·潘恩说："一个人如果极力宣扬他自己都不相信的东西，那他就是做好了干任何坏事的准备。"

学者周国平先生有一篇随笔《己所欲，勿施于人》，文章写道：己所欲未必是人所欲，同样不可施于人。如果说"己所不欲，勿施于人"是一个文明人的起码品德，它反对的是对他人的故意伤害，主张自己活也让别人活，那么，"己所欲，勿施于人"便是一个文明人的高级修养，它尊重的是他人的独立人格和精神自由，进而提倡自己按自己的方式活，也让别人按别人的方式活。这是当下我们对古老的"恕道"在处理人际智慧上的推衍性思考。

3.2 忠道

子贡曰："如有博施于民而能济[1]众，何如？可谓仁乎？"子曰："何事于仁，必也圣乎！尧舜其犹病[2]诸！夫仁者，己欲立而立人，己欲达而达人。能近取譬[3]，可谓仁之方[4]也已。"

——《论语·雍也》

【注释】

1. 施：给予；济：救助。
2. 病：有所不足。
3. 能近取譬：人能拿自己身边的事情打比方，意思是能够推己及人。
4. 仁之方：实行仁道的方法。

【译文】

子贡说："如果一个人能广泛地给民众以好处，而且能够帮助众人生活得很好，这人怎么样？可以说他有仁德了吗？"孔子说："哪里仅仅是仁德呢，那一定是圣德了！尧和舜大概都难以做到！一个有仁德的人，自己想树立的，同时也帮助别人树立；自己要事事通达顺畅，同时也使别人事事通达顺畅。凡事能够推己及人，可以说是实行仁道的方法了。"

樊迟问仁。子曰："居处恭，执事敬，与人忠。虽之夷狄，不可弃也。"

——《论语·子路》

【译文】

樊迟问什么是仁。孔子说："平时的生活起居要端庄恭敬，办事情的时候严肃认真，对待他人要忠诚。就是去夷狄之地方，也是不能废弃这些原则的。"

子曰："爱之，能勿劳乎？忠焉，能勿诲乎？"

——《论语·宪问》

【译文】

孔子说："爱他，能不让他操劳吗？为他着想，能不教诲他吗？"

【解读】

这三则是孔子"忠"道的阐述。忠，中心也。尽心于人的意思。樊迟的这一次问仁，孔子的回答提到了恭、敬、忠，其中敬和忠都是待人接物，替人办事中的品质。孔子没有像解释"恕"一样去定义"忠",但我们可在与子贡的一次对话中得到。

子贡是一个很聪明的学生,他问老师,如果有一个人能够广泛地给予别人好处,从而能救济大众,这样的人能否称得上是仁者呢?孔子不轻易以仁者许人,但对于子贡的这番话,孔子认为,这不仅仅是仁了,这简直就是圣者了,就像佛教里菩萨和佛一样的区别,菩萨是向佛努力但还没到。实际上施于民而能周济大众这已经实现了仁者,做完美的仁者就是要博施于民而能周济大众。仁者的努力一大方向就是圣人,什么是圣人?博施于民周济大众!给万民带来利益上的好处。这一点连上古贤君尧舜都可能感到有所不足呢。仁应该从"己欲立而立人,己欲达而达人"开始做起。先揣摩揣摩自己先怎么样,推己及人。自己想"立",想有所作为,自己想"达",想事事通达,那就想着怎样能使别人"立",帮别人"达"。能从近处做起,这就是实践仁道的方法。相比于"恕"道,实行"忠"道需要更高的品格与能力。"恕"道是消极的,要求我们至少不怎么样,而"忠"道是积极的,希望我们能够怎么样。忠恕都是为人做事,待人对己的基本道理和原则,体现了儒家的实用理性精神。

"忠"在现代汉语中一般都是下属对上级,晚辈对长辈或民众对国家的品质,但孔子时代,"忠"完全可以是对待同辈他人,"忠焉,能勿诲乎?"对一个人忠,就是要对他教诲规劝,出谋划策。

4. 钝讷慎言近仁

司马牛问仁,子曰:"仁者,其言也讱[1]。"曰:"其言也讱,斯谓之仁已乎?"子曰:"为之难,言之得无讱乎?"

——《论语·颜渊》

【注释】

1. 讱(rèn):说话缓慢谨慎。

【译文】

司马牛问仁德。孔子道:"仁人,他的言语迟缓谨慎。"司马牛道:"言语迟缓谨慎，这就叫作仁了吗？"孔子道："做起来不容易，说话能够不迟缓谨慎吗？"

子曰："巧言，令色，鲜矣仁。"

——《论语·学而》

【译文】

孔子说："花言巧语，伪善的面貌，这种人，'仁德'是不会多的。"

子曰："刚、毅、木、讷，近仁。"

——《论语·子路》

【译文】

孔子说："刚强、果决、朴质，而言语不轻易出口，有这四种品德的人近于仁德。"

【解读】

孔子在解释"仁"的含义时，也存在因材施教的一面。《史记》记载司马牛"多言而躁"，孔子教导他谨言。司马牛揪住不放，觉得仁道广大，谨言就是仁了？孔子则回复，行仁既然难，言仁岂能易？言由心出，心中知道行仁之事难，嘴上便不会逞强。

孔子除了说仁是什么，也说过仁不是什么。首先，仁不是巧言令色。"巧言"就是花言巧语，虚饰的语言会带来巧诈。"令色"就是整天装得很柔媚的样子，尤其是对待上级，这种人离仁道最远。什么人可以行仁，刚毅木讷接近于仁。无欲则刚，刚则控制自己的欲望；毅则果敢坚忍；木则质朴；讷则说起话来非常谨慎。所以"讷于言而敏于行"，是儒家要求的。少说多做，所以儒家要求的仁道是"行大于言"。与此相违背的能说会道，孔子反感。不是不要能说会道，而是那种靠着能说会道去取信于人，去混世蒙事的，就像现在网络上所谓的一些喷子，一些夸夸其谈者，儒家反对这种巧言令色。这里表现了儒家的一种做人的基本精神，儒生修炼，是修炼一种刚毅和质朴，很刚毅和有厚度的东西。木讷言讱的人也的确往往能办大事。

南容三复白圭[1]，孔子以其兄之子妻之。

——《论语·先进》

【注释】

1. 白圭：指《诗经·大雅·抑》中有关"白圭"之诗："白圭之玷，尚可磨也。斯言之玷，不可为也。"意思是白圭的污点尚可以去除，言语中的污点却是无法去除的。

【译文】

南容把"白圭之玷，尚可磨也；斯言之玷，不可为也"几句诗反复诵读，孔子便把自己哥哥的女儿嫁给了他。

【解读】

从孔子嫁侄女的事可以看出，孔子喜欢说话慎重的人。南容大概是深知祸从口出的道理，也明白"邦无道，免于刑戮"的处世之道，一天多次念诵白圭之诗。言语谨慎如南容者，行事也必定谨慎，这是避免冲突，和谐人际关系的好方法，被儒家所推崇。

二、为仁与行仁

1. 行仁的动力

宰我问："三年之丧[1]，期已久矣。君子三年不为礼，礼必坏；三年不为乐，乐必崩。旧谷既没，新谷既升[2]，钻燧改火[3]，期[4]可已矣。"子曰："食夫稻，衣夫锦，于女安乎？"曰："安。""女安，则为之！夫君子之居丧，食旨不甘，闻乐不乐，居处不安，故不为也。今女安，则为之！"宰我出。子曰："予之不仁也！子生三年，然后免于父母之怀[5]。夫三年之丧，天下之通丧也。予也有三年之爱于其父母乎！"

——《论语·阳货》

【注释】

1. 三年之丧：古代丧葬制度的一部分，父母去世，子女需居丧三年。
2. 旧谷既没，新谷既升：旧的谷物吃尽，新的谷物丰收。
3. 钻燧改火：古代用的是钻木取火的方法，被钻的木，四季不同，一季一换的打火木都轮换了一圈了，表示一年一轮回。
4. 期（jī）：一年。
5. 免于父母之怀：离开父母的怀抱。

【译文】

宰我问："父母去世，守孝三年，时间也太久了。君子三年不习礼，礼仪一定会毁坏；三年不奏乐，音乐一定会崩塌。旧的谷物吃尽，新的谷物丰收。打火的燧木都轮换了一回，丧期一年也就够了。"孔子说："吃着那白米饭，穿着那锦缎衣，你能心安吗？"宰我说："心安。""你心安，那你就那样做吧！君子守孝的时候，吃美味不觉得甘甜，听音乐不觉得快乐，日常起居不觉得舒适，所以才不那样做。如今你若觉得心安，就那样做好了！"宰我退出去了。孔子说："宰予真是不仁哪！子女出生后三年，才能离开父母的怀抱。三年的丧期，是天下通行的。宰予难道没有从他父母那儿得到三年怀抱的关爱吗？"

【解读】

宰我是孔门中善于言语一科的学生，有一次他和孔子讨论礼制，问老师关于三年之丧的问题。宰我不赞同三年丧期的规定，他觉得父母之丧，一年就够了，古人服丧期间得穿不舒服的麻布，睡要睡在草席上，枕头用土块，不能听音乐，禁止任何娱乐，衣食住行都有严格的规定，生活是非常清苦的。宰我说如果非要三年，这个人不能参政治国，不能维护礼乐，那么必然导致"礼坏乐崩"。孔子听了以后很生气地说，难道服丧期间吃珍贵的稻米，穿舒服华丽的丝绸，你心里不难受吗？你心安吗？宰我说，我心安啊。孔子说，你心安，那你就这么做吧。君子服丧期间，想到父母的离去，是好吃的也吃不下，好听的听了也不快乐，你要是心安，你就这么做。宰我一声不吭就走了，走了之后，孔子很生气，骂他不仁，说一个小孩生下来，要三年才能脱离父母的怀抱，宰予啊宰予，你就是这么报答你的父母的吗？"予也有三年之爱于其父母乎！"最后一句有两种解释，第一，宰予是不是也应该有三年的爱心对于他死后的父母呢？这说得比较客气。第二种解释，宰予难道就没有得到父母亲三年的护爱吗？这个批评得就比较狠了。

这一则有一个很关键的地方，孔子为什么认为人们应该坚持三年之丧的礼制？因为人都有一颗能起"不安"之情的心，这也就是儒家后来所说的"良知"。要不要守孝三年，孔子不是抬出老礼来吓唬人，而是要人以良知为自己做主。三年之丧正是为了报答父母的三年之爱；三年之孝情，正是出自于不如此则不安的内心要求。所以孔子批评宰我不仁，是说他内心缺乏这种"不安之情"。这种不安之情是不需要计算筹划的，而是在待人接物中不期而然的自然的情感，有了这种不安之情，才会对他人的不幸有同情，这正是一切德行的根源。守住这点不安之心，对自己的父母、亲族可以有爱，对他人也可以因良知的"不安"而生关爱之情。儒家对血浓于水的亲亲之爱非常看重。曾子就曾经回想孔子给他的教导："吾闻诸夫子，人未有自致者也，必也亲丧乎。"也就是说人怕只有在遇到父母之丧的时候，才会自动地充分表露感情。如果父母之丧仍不能让一个人情绪肆意宣泄，那他一生中不会有尽情之时，这个人也很难说是有仁心的人。因此，"孝弟也者，其为人之本与"，因孝悌而生发的不安之心是行仁的最原始本能的动力。与之相似，孟子也表达过孝悌之情生发的本能性："孩提之童，无不知爱其亲者；及其长也，无不知敬其兄也。亲亲，仁也；敬长，义也。无他，达之天下也。"爱自己的父母亲人，这是通达于天下的普世的情感。曾孟之言，均可视为这一则的注脚。

曾子曰："士不可以不弘毅，任重而道远。仁以为己任，不亦重乎？死而后已，不亦远乎？"

——《论语·泰伯》

【译文】

曾子说："读书人不可以不刚强而有毅力，因为他负担沉重，路程遥远。

以实现仁德于天下为己任，不也沉重吗？到死方休，不也遥远吗？"

子曰："人能弘道，非道弘人。"

——《论语·卫灵公》

【译文】

人能够将道发扬光大，不是道把人发扬光大。

【解读】

行仁的动力，由亲亲之爱扩而充之就是死而后已，忍不住的淑世之心。这句话是曾子说的，曾子这个人唯唯诺诺，似乎很刻板笨拙，孔子就说他"参（曾参）也鲁"。但他这句话说得却是非常有力量，充满充沛的能打动人的情感，很有孟子所谓的大丈夫气象。"士"是读书人，或者知识分子，他们必须有一个弘大刚毅之德，也就是一种宽广的胸怀和坚韧的毅力。读书人不可以不弘毅，是因为他们"任重而道远"。有宽广的胸怀就能承载重大的责任；有坚韧的毅力能够不屈不挠地追寻理想。宽广的胸怀可以负重，坚韧的毅力可以致远。君子是载道的人，要有宽广的胸怀才可以载道。章太炎说："任重须强，不强则力绌；致远须决，不决则志渝。""仁以为己任，不亦重乎？死而后已，不亦远乎？"以仁德作为自己的责任，这不是很重的吗？能够到死才停止，这不是道路很遥远吗？正因为如此，君子必须胸怀宽广和意志坚毅。"弘"是指你的心胸、气量之大；"毅"是指你忠贞不贰的志向，守得住、至死不渝的意志。这是一种刚强不屈的伟大的人格力量。

在人和道的关系上，孔子强调人"志于道"的主观能动性，"人能弘道"，仁道如果不去践行，那它就是没有生命力的，故而需要君子身体力行，这是他们的使命。士君子的这种载道弘道的使命感曾子的同门子张说得更绝。子张说"执德不弘，信道不笃，焉能为有？焉能为亡？"（《论语·子张》），意思是内在的仁德不能发扬光大，所信守的道义也不能笃定，这种人，有他不多，没他不少。儒家信徒的责任道义感可见一斑。

总结一下，孝悌是仁之本，仁心生发于家庭，并可以扩充到社会天下。

《中庸》里说"仁者人也"。李山老师《先秦文化史讲义》对此解读道:"他人也是人,这里的'他人',不同于自己家的人,自己家的家庭伦理道德有慈、爱、孝、悌等亲人相处的伦理原则去约束。'仁'超出家庭关系而应对的是社会的无亲缘之人。一个人对家人很容易有天然之爱,对其他人就很难。作为家庭人伦的'孝悌'就是仁之本。'仁'正是从孝悌之道中衍生出来的难能可贵的对待他人之道。"所以一言以蔽之,"仁"就是把他人当作人来对待的德行。

2. 如何行仁

子曰:"仁远乎哉?我欲仁,斯仁至矣。"

——《论语·述而》

【译文】

孔子道:"仁德难道离我们很远吗?我要它,它就来了。"

"克、伐、怨、欲不行焉,可以为仁矣?"子曰:"可以为难矣,仁则吾不知也。"

——《论语·宪问》

【译文】

"好胜、自夸、怨恨和贪心四种毛病都不曾表现过,这可以说是仁人了吗?"孔子道:"可以说是难能可贵的了,若说是仁人,那我就不知道了。"

【解读】

"仁"的定义是不确定的,如何行仁也并非可以以要言概之。践行仁德简单吗?说简单也简单,那就是"我欲仁,斯仁至矣"。说难也难,做到难能可贵的"克、伐、怨、欲不行",也未必担得上"仁"字。孔子不轻易以仁许人,哪怕是善治赋的子路、善做宰的冉有和善为礼乐的公西华。

仁易至是因为行仁的主体在我。孔子鼓励人们努力践行仁道,正所谓"道不远人",仁道既然出自于每个人的良善之心,是上一则所说的不可避免的不安之情，那么只要每个人反身求诸己，只要有志于培育仁爱的情感，它就是可以求到的。

仁难达是因为仁道任重道远，非有力与志者不可实现。"克、伐、怨、欲不行"，好胜、自夸、怨恨和贪婪，克服了这些人性的弱点还不够，为仁的要求更高，还得发扬人性中的善。孔子表扬过颜回，说颜回的心中可以长久地不离开仁德，其余的学生，只不过短时间能做到这点罢了。（"回也，其心三月不违仁。其余则日月至焉而已矣。"）此为有志。所以，仁心易至而仁道难达。

回到今天的语境来理解这两句话，对于仁道、真理、知识，我们一方面首先要有一个不要害怕它的姿态，不要有畏难情绪，另一方面要明白对它的追求不是朝夕之功，而要"笃志"，用尽毕生之力。

子曰："里仁为美，择不处仁，焉得知？"

——《论语·里仁》

【译文】

孔子说："居住的地方要有仁德才好，选择住处，那儿没有仁德，怎么能算作明智呢？"

子曰："苟志于仁矣，无恶也。"

——《论语·里仁》

【译文】

孔子说："如果一个人立志去实行仁德，那他的行为会没有大恶。"

【解读】

这两则大意近似于"志于道"，从内心深处，做一切事的出发点便是以仁为本。"里仁"一词往实在点说就是和有仁德的人住在一起做邻居，连生活环境都不去选择一个讲仁义、风俗仁厚的地方是不智慧的。往抽象点说，就是要时时刻刻近仁，合乎仁道，这才是美善的，才是远离恶的。一切以靠近仁为出发点，便不会犯错。

子贡问为仁。子曰："工欲善其事，必先利其器。居是邦也，事其大夫之贤者，友其士之仁者。"

——《论语·卫灵公》

【译文】

子贡问怎样去培养仁德。孔子道："工匠要搞好他的工作，一定先要搞好他的工具。我们住在一个国家，就要敬奉那些大官中的贤人，结交那些士人中的仁人。"

子张问仁于孔子。孔子曰："能行五者于天下为仁矣。""请问之。"曰："恭、宽、信、敏、惠。恭则不侮，宽则得众，信则人任焉，敏则有功，惠则足以使人。"

——《论语·阳货》

【译文】

子张向孔子问仁。孔子道："能够处处实行五种品德，便是仁人了。"子张道："请问哪五种。"孔子道："恭敬，宽厚，诚信，勤敏，慈惠。庄重就不致遭受侮辱，宽厚就会得到大众的拥护，诚实就会得到别人的任用，勤敏就会工作效率高、贡献大，慈惠就能够使唤人。"

【解读】

这两则也是弟子问如何为仁行仁，孔子对他们的回复。前一则侧重为仁需要的外在准备工作，后一则侧重为仁必需的内在精神态度。

"工欲善其事，必先利其器"在今天已经成为超脱时代语境的一句至理名言了，做任何工作都必须磨炼好工具，做好准备工作，打好基础。孔子回答子贡，为仁也需要"利器"，那就是搞好人际关系，尤其是要奉事、结交邦国中的贤才与仁者，人的才能与求仁之心也只有在贤才仁者的熏陶、与他们的切磋之下才能更加进益。

子张问仁，可以是问如何行仁，也可以是如何成为一个仁者。孔子回答恭敬，宽厚，诚信，勤敏，慈惠。这五个词都是待人处事中的美德，待人要"恭"，治人要"宽"，言行与人交要"信"，遇事要"敏"，施与要"惠"，做到这五个字就做到了仁。有学者根据孔子的回答中有"天下"二字，认为子张不是单单问仁，而是问仁政，乃至问君主之仁。综合这两则也可以看出，为仁与行仁的回答与为政治国是密不可分的，孔子还说过"君子而不仁者有矣夫，未有小人而仁者也"，也就是说"仁"是对为政者、士君子的品格要求。

三、仁者的境界

1. 先难后获

（樊迟）问仁，（子）曰："仁者先难而后获，可谓仁矣。"

——《论语·雍也》

【译文】

（樊迟）问怎么样才叫作有仁德。孔子道："仁德的人付出一定的力量，然后收获果实，可以说是仁德了。"

【解读】

《论语》中樊迟三次问仁，具体语境已不得而知。这一次孔子的回答是"仁者先难而后获"。这句话有两种解释：一种是仁者先劳苦工作再讲收获，先强调你对他人应尽的义务，再去说你应该享受到的权利。"仁"是体现在人际关系中的一种品格，不劳而获，不尽己责，像《诗经·伐檀》中不稼不穑、不狩不猎却坐享劳动成果的人不是仁人君子。另一种理解是仁者在困难面前，要冲在前头；获得好处时，要躲在后面。后者似乎境界更高，范仲淹的"先天下之忧而忧，后天下之乐而乐"就是这一先难后获的境界。

2. 杀身成仁

子曰:"志士仁人,无求生以害仁,有杀身以成仁。"

——《论语·卫灵公》

【译文】

孔子说:"志士仁人,不贪生怕死而损害仁德,只勇于牺牲来成全仁德。"

【解读】

孔子说:"未知生,焉知死?"孔门不怎么谈死,而多谈该如何生,知道如何生了,自然知道该如何面对死。那么孔子的答案是害"仁"而来的生是不应该的,为"仁"而牺牲是值得的。那么什么是"仁"?康有为的解释是:"仁者,近之为父母之难,远之为君国之急,大之为种族宗教文明之所系,小之为职守节义之所关。见危授命则仁成,隐忍偷生则仁丧。……哀莫大于心死,而身死次之。""仁"有大有小,总体来说是一种正义的事情或事业,是一种道德的价值。为自己的理想事业而死,是成全了仁道,成全了一种正义的事业。这种价值甚至是超道德的,就是"仁"发自内心而可与宇宙交通,如孟子所说的"浩然之气"。这股正义之气可以感染别人,充塞天地之间,有着一股强大的道德示范作用。孟子说"志士不忘在沟壑,勇士不忘丧其元",也是这种杀身成仁精神的体现。

文天祥是历史上杀身成仁的英雄典范,兵败被俘,自杀未果,他的《过零丁洋》中"人生自古谁无死,留取丹心照汗青"让他的人格垂范后世。

文天祥在刑场写下了绝笔诗,其最后四句是:"天荒地老英雄丧,国破家亡事业休。唯有一腔忠烈气,碧空常共暮云愁。"据记叙,文天祥就义后,在其衣带中发现有这样一段赞文:

孔曰成仁,孟曰取义。唯其义尽,所以仁至。读圣贤书,所学何事?而今而后,庶几无愧。

孔子说的"杀身成仁",孟子说的"舍生取义",就是文天祥认可的最高信念,就是生命意义之所在。

文天祥还有一首《正气歌》广为流传，这首诗歌中有十六句，列举了历史上的十二位杰出人物及其表现：

在齐太史简，在晋董狐笔。
在秦张良椎，在汉苏武节。
为严将军头，为嵇侍中血。
为张睢阳齿，为颜常山舌。
或为辽东帽，清操厉冰雪。
或为出师表，鬼神泣壮烈。
或为渡江楫，慷慨吞胡羯。
或为击贼笏，逆竖头破裂。

此处引用刘耕路先生相关文章对此十二个人物典故的解释：

（1）春秋时齐国的史官兄弟拼死说真话，将"崔杼弑其君"的事实忠实地记入正史；（2）春秋晋国的良史董狐将晋灵公被杀的罪责归于没有尽到义务的赵盾，冒死将其记入史书；（3）张良在秦始皇灭掉韩国后，请到一位大力士，用一百二十斤的大铁锤在博浪沙击杀秦始皇，可惜未中；（4）苏武被汉武帝派去出使匈奴，他不辱使命，拒绝投降匈奴，手持符节在北海牧羊十九年，终于回到汉朝；（5）严颜是三国时刘璋手下的将军，张飞抓住他要他投降，他说"我州但有断头将军，无有降将军也"，张飞将他释放；（6）嵇绍在西晋时做侍中官，皇室内乱，他用身体遮蔽晋惠帝自己被杀，鲜血溅到惠帝衣服上，后来惠帝将血留在衣服上纪念他；（7）张巡在唐代安史之乱中固守睢阳，上阵督战牙齿都咬碎了，后被俘慷慨就义；（8）颜杲卿（书法家颜真卿之堂兄）在安史之乱时任常山太守，城破被俘，大骂安禄山，被割断舌头后杀害；（9）管宁是东汉末年的名士，避乱居辽东，常戴一顶黑帽，清廉安贫，闻名于世；（10）诸葛亮出师伐魏前上表刘禅表明自己为汉业"鞠躬尽瘁，死而后已"，文章极有名；（11）东晋志士祖逖率兵北伐，渡过长江时敲击船桨发誓要北定中原，结果真的从胡人手中收复许多失地；（12）段秀实是中唐时代的名将，朱泚谋反，召他商议称帝事宜，他上前用象牙笏板猛击朱泚头部，并大骂被杀。

这十二个人物，都是志士、壮士、义士、烈士，是文天祥景仰和效法的榜样。他们体现出来的取义成仁的浩然正气是天地、人伦、道义赖以存在的支柱。

3. 安守仁德

子曰："富与贵，是人之所欲也；不以其道得之，不处也。贫与贱，是人之所恶也；不以其道得[1]之，不去也。君子去仁，恶乎[2]成名？君子无终食之间违[3]仁，造次[4]必于是，颠沛必于是。"

——《论语·里仁》

【注释】

1. 得：这个地方的"得"按章句的意思改成"去"字更为合理。此字可能是古人的不经意失误处。

2. 恶（wū）乎：即"于何处"，可译为"怎样"。

3. 违：离开。

4. 造次：仓促忙乱之时。

【译文】

孔子说："发大财，做大官，这是人人所盼望的；不用正当的方法去得到它，君子不接受。穷困和下贱，这是人人所厌恶的；不用正当的方法去抛掉它，君子不摆脱。君子抛弃了仁德，怎样去成就他的声名呢？君子没有吃完一餐饭的时间离开仁德，就是在仓促匆忙的时候一定和仁德同在，就是在颠沛流离的时候一定和仁德同在。"

子曰："不仁者不可以久处约[5]，不可以长处乐。仁者安仁，知者利仁。"

——《论语·里仁》

【注释】

5. 约：穷困。

【译文】

孔子说:"不仁的人不可以长久地居于穷困中,也不可以长久地居于安乐之中。仁者能够安守于仁道;聪明人利用仁(来获取长远利益)。"

【解读】

前一则说的是君子不管怎样都不能离开"仁"。财富、地位都是人所想要的,不以正确的方法和途径来得到钱财、地位,"不处也",即使是得到了,我也不会接受,也不会去享受、接受这种名誉、地位、钱财。比如谋财害命,不以正道取得的富贵,我是不会接受的。"贫与贱,是人之所恶也","贫"是指没有钱,"贱"是指地位低下,贫穷和地位低贱,这是人们厌恶的。"不以其道得之",这里的"得"应该当失去讲,意即摆脱。如果不是以正道去摆脱贫贱的话,我也不会接受。比如抗日战争时期,给日本人做事,这样就可以摆脱贫贱了,如果我做了,这就叫"不以其道得之",但是我情愿做叫花子,我也不去做汉奸,这就是中国人讲的气节。君子、仁者做事都是以道义为标准,符合道义的事我就做,不符合道义的事我就不会去做。即使是贫贱,也要有骨气。

君子离弃了仁德,怎么样成就君子的名称、名号呢?这里的"去"当离开讲,引申为离弃。"君子无终食之间违仁,造次必于是,颠沛必于是。""食"就是吃饭,"终食",吃完一顿饭,"终食之间"就是指一顿饭的工夫。哪怕是一顿饭的工夫,君子也不会违背仁德。"造次"指仓促紧迫之时,"颠沛"是指颠沛流离之时,"是"做代词,在这里指代仁德。哪怕在仓促紧迫的时候,在颠沛流离的时候,君子都会守住仁德,不会去违背仁德。这就是儒家强调的一个重要的品格,在《大学》《中庸》里都提出来了,就是"慎独"。"君子慎其独也",一个人独处的时候,要谨慎。

后一则从反面来说不仁者,不能以仁道自处的人,没有点志向的人是穷也受不了,富也受不了。对仁道理想的追求是我们立足的根本,没了这个根,有钱就花天酒地,没钱也不能安于贫困,都是败道的方式。仁道是关爱他人,关爱社会,对社会承担责任,穷人对社会负责任,会有穷人的表现,富人对社会负责任，他会有富人的表现。

《礼记·表记》中也记载过孔子说的"仁者安仁，知者利仁"一句，但在"知者利仁"后还有一句"畏罪者强仁"。安仁者无论贫富乐约，安守仁道，无往而不适，这是仁者安仁。利仁者是见到行仁对彼此都有利，就去行仁；如果对自己有损，就停止行仁，这是智者利仁。强仁者是害怕犯错，勉强去实行仁道。《礼记·中庸》对此又有补充——子曰："……或安而行之，或利而行之，或勉强而行之，及其成功，一也。"意思就是：你也许因为喜欢，而行仁。也许因为获得利益，而行仁。也许是勉强自己，乃至迫不得已而行仁。等到你做成功，结果都是一样的。从这里可以看出儒家建立仁者队伍的宽容性，先不问动机，能践行仁道，那结果都是一样的。

4. 造福民众

子路曰："桓公杀公子纠，召忽死之，管仲不死。"曰："未仁乎？"子曰："桓公九合诸侯[1]，不以兵车，管仲之力也。如其仁[2]，如其仁！"

——《论语·宪问》

【注释】

1. 九合诸侯：指齐桓公多次召集诸侯盟会。
2. 如：乃，就。如其仁：这就是他的仁德。

【译文】

子路道："齐桓公杀了他哥哥公子纠，（公子纠的师傅）召忽因此自杀，（但是他的另一师傅）管仲却活着。"接着又道："管仲该不是有仁德的罢？"孔子道："齐桓公多次地主持诸侯间的盟会，停止了战争，都是管仲的力量。（他这样做）这就是他的仁德，这就是他的仁德。"

子贡曰："管仲非仁者与？桓公杀公子纠，不能死，又相之。"子曰："管仲相桓公，霸诸侯，一匡天下，民到于今受其赐。微管仲，吾其被发左衽[1]矣。岂若匹夫匹妇之为谅[2]也，自经[3]于沟渎而莫之知也。"

——《论语·宪问》

【注释】

1. 被发左衽：披散头发，衣襟向左边开（古代部分少数民族所着的服装，前襟向左掩，不同于中原一带人民的右衽）。
2. 谅：诚实守信。
3. 自经：自缢。

【译文】

子贡道："管仲不是仁人吧？桓公杀掉了公子纠，他不但不以身殉难，还去辅相他。"孔子道："管仲辅相桓公，称霸诸侯，使天下一切得到匡正，人民到今天还受到他的好处。假若没有管仲，我们都会披散着头发，衣襟向左边开了。他难道要像普通老百姓一样守着小节小信，在山沟中自杀，还没有人知道的吗？"

【解读】

这两则都是孔门弟子请教孔子管仲到底算不算一个仁者。子贡和子路的观点相似，管仲不能忠于其主，殉主成仁，反而去辅佐曾经主公的敌手，这样的人不能算是仁者，不能说是有仁德。从中国传统道德文化来说，这确实是管仲人生中的瑕疵。但孔子不同意，从孔子的理由中我们能看到孔子评价一个人是不是仁者，能不能当得上一个"仁"字的一个重要标准，在于他对社会履行的责任和义务。孔子不轻易以"仁"许人，哪怕对于他的弟子子路、冉有、公西华，孔子肯定他们治国为礼的才能，但对他们是不是仁者的提问，却给出了"不知其仁也"（《论语·公冶长》）的答复。而对管仲，孔子曾评价他"管氏而知礼，孰不知礼"（《论语·八佾》），一来他缺乏节俭的美德，二来他不遵礼制，但面对管仲是不是仁者的问题，孔子看到的是他在政治上和文化上的巨大贡献，他维护王权、安定百姓，使得中原地区免于沦为蛮夷，这种"博施于民而能济众"的成就已经"必也圣乎"了，必然担得起"仁"的评价。这种仁者的境界不是讲求小节小信，而是能够成就大事，对社会做出大的贡献，造福民众这样的大节大信。孔子还说过"君子贞而不谅"（《论语·卫灵公》），可以为这一则做注脚。"贞"就是"正"，讲求大的原则。"谅"也是信，但这里偏指小信。管仲追求大的道义，固守正道，但不死守诺言，坚持成见。

所以我们今天理解"仁"，始终要回到人际社会关系中去，我们强调做仁者，不是做一个内心高洁的君子，做一个道德完善的标本，任何道德的完美必须要在人际交往实践中去展现，说白了，就是你的存在对他人是不是能贡献出价值？能，那你就接近仁者。

问题与讨论

1. 孔子说"杀身成仁"，孟子提倡"舍生取义"，在革命战争年代，有很多英雄志士践行了这两个词语。那么你觉得这种"仁义之道"在今天是否还有存在的价值？

2. 子曰："富与贵，是人之所欲也；不以其道得之，不处也。贫与贱，是人之所恶也；不以其道得之，不去也。君子去仁，恶乎成名？君子无终食之间违仁，造次必于是，颠沛必于是。"

"不以其道得之，不去也。"杨伯峻《论语译注》认为，"得之"应改为"去之"；也有学者认为，"不以其道得之"的"不"字应删去。请根据以上两种不同解读，分别解释句意。

【参考答案】根据第一种解读，句意为：不是通过仁道脱离贫贱，那么就不离开贫贱。根据第二种解读，句意为：因行仁道而陷入贫贱，那就不离开贫贱，即仁者能安于仁之意。

3. "己所不欲，勿施于人；己所不欲，施于人；己所欲，施于人；己所欲，勿施于人。"这四种处事方式，你认可哪些呢？你不认可的，是否在特定情况下也有其合理性呢？

4. 子贡曰："我不欲人之加诸我也，吾亦欲无加诸人。"子曰："赐也，非尔所及也。"（《论语·公冶长》）

子贡这一句话与"己所不欲，勿施于人"是否意思相同？为什么孔子说这是子贡所做不到的？

【参考答案】两句话不完全相同，"我不欲人之加诸我也，吾亦欲无加诸人"不仅强调自身"己所不欲,勿施于人",还强调也不让别人强加于我。孔子认为,想两方面都做到太难了,人最多只能约束好自己,管不了他人。

5. 在竞争激烈,重才不重德的现代社会,该不该提倡做有仁德的君子?会不会因此而吃亏或没有竞争力?透过"仁"的探索之旅,你可否找到"仁"在当代足以释放出来的新价值?

6. "夫子之道,忠恕而已矣",忠恕之道是孔子思想的精华,它对人与人之间、民族国家之间的相处原则有怎样的借鉴意义?

"忠恕",不仅是古代知识分子个人修为的守则,更是当代世界风云变幻中具有现实意义的准则。当今世界,各国各地区,不同文明形态、价值观念、宗教信仰乃至思维模式都存在着差异与冲突,儒家文化提供的"忠恕之道"向世界提供了一种平息争端的策略与相处之道。虽难免理想主义,但它作为一种永恒的价值追求,为世界减少排斥异己、反对异见、打击新生、迫害弱势等政治行为提供了中国智慧。

第五讲

"兴于诗,立于礼,成于乐":为何要学诗、礼、乐?

中国自古是诗的国度,是礼乐之邦,诗礼乐从诞生以来,一直参与着中国人精神传统的建构。诗言志,歌永言。人们借诗歌抒发自己的心志,传达自己对人生的理解感悟,表达自己与世界的联系。各民族的早期诗歌都反映了先民们对这个世界的喜恶和追求,是民族精神的重要组成部分。中国文化中礼乐往往并称,但二者功用相反。礼以别异,乐以和同;礼以别尊卑,乐以和上下。礼讲求的是等级,是差别,从而形成秩序,它规范并强化人的社会身份地位,尊卑贵贱不同的人,适用不同级别的物质精神待遇。乐讲求的是和合,是沟通,它起到统合不同族群、不同等级间人际关系的作用。诗礼乐均属传统"六艺"之一,直到今天,诗礼乐的教育对于完善的人格的养成依然具有不可或缺的作用。

【说文解字】

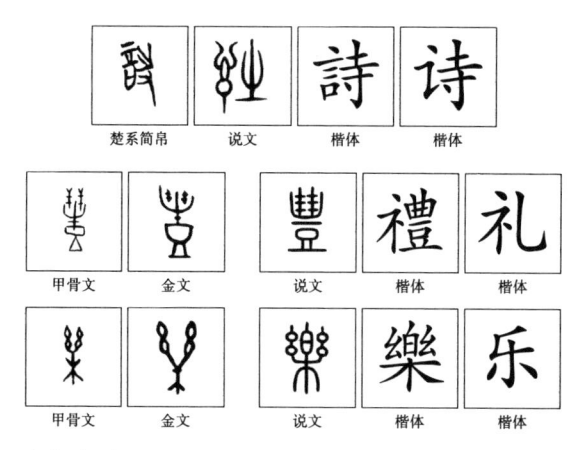

楚系简帛	说文	楷体	楷体
䛨	𡳿	詩	诗

甲骨文	金文	说文	楷体	楷体
		豊	禮	礼

甲骨文	金文	说文	楷体	楷体
		樂	樂	乐

诗,志也。从言寺声。

禮，履也。所以事神致福也。豊，是禮的本字，"豊"是行礼之器。甲骨文 ⚚（像许多打着绳结的玉串）🝊（有脚架的建鼓），表示击鼓献玉，敬奉神灵。后来加上"示"字旁，表示祭拜的含义。

一、兴于诗

陈亢问于伯鱼曰："子亦有异闻乎？"对曰："未也。尝独立，鲤趋而过庭。曰：'学诗乎？'对曰：'未也。''不学诗，无以言。'鲤退而学诗。他日，又独立，鲤趋而过庭。曰：'学礼乎？'对曰：'未也。''不学礼，无以立。'鲤退而学礼。闻斯二者。"陈亢退而喜曰："问一得三，闻诗，闻礼，又闻君子之远其子也。"

——《论语·季氏》

【译文】

陈亢向伯鱼问道："你在你父亲那里有得到与众不同的教诲吗？"伯鱼回答说："没有。父亲曾经独自站在那里，我快步走过庭中，他说：'学《诗》了吗？'我回答说：'没有。'他说：'不学《诗》就不会应对说话。'我退回后就学《诗》。另一天，他又独自一人站着，我快步走过庭中，他说：'学《礼》了吗？'我回答说：'没有。'他说：'不学《礼》，就没法立足于社会。'我退回后就学《礼》。我只听到过这两次教诲。"陈亢回去后高兴地说："问一件事，知道了三件事，知道要学《诗》，知道要学《礼》，又知道君子不偏私自己的儿子。"

子曰："诵诗三百，授之以政，不达；使于四方，不能专对[1]。虽多，亦奚以为[2]？"

——《论语·子路》

【注释】

1. 专对：独立应对。

2. 亦奚以为：有何作用。奚以，怎样，如何。

【译文】

孔子说："熟读了《诗经》三百篇，交给他政务，他却搞不懂；派他出使到四方各国，又不能独立应对外交。虽然读书多，又有什么用处呢？"

子曰："小子何莫学夫诗！诗，可以兴，可以观，可以群，可以怨，迩[3]之事父，远之事君。多识于鸟兽草木之名。"

——《论语·阳货》

【注释】

3. 迩：近。

【译文】

孔子说："学生们为什么没有人研究诗？读诗，可以培养联想力，可以提高观察力，可以锻炼合群性，可以学得讽刺方法。近呢，可以运用其中道理来事奉父母；远呢，可以用来服事君上。而且多多认识鸟兽草木的名称。"

【解读】

《论语》中的"诗"就是《诗经》。这三则都表达了孔子对于学诗重要性的看法。

第一则向来被用来勉励他人学诗学礼。"不学诗，无以言""不学礼，无以立"的看法最为概括。诗在春秋时期绝不仅仅是单纯的文学作品，春秋的外交有所谓"赋诗言志"的说法，诸侯士大夫常在各种社交场合朗诵诗经中的句子，借以表明自己的立场、观点和感情。《左传》中有很多这样的例子，比如《左传·襄公二十七年》，晋国使臣赵武出访郑国，郑简公在郑地垂陇设宴，子展、子产等七位郑国大夫作陪。席间赵武就提出想听七大夫赋诗助兴，同时来看看他们各自的志向。七位大夫挨个选择一首诗来吟诵，赵武也一一作了解说和评论。例如，子展赋的是《草虫》，赵武听后评价道："善哉！民之主也。抑武也不足以当之。"意思是，好啊，您是人民的主人啊！但像我赵武,是不足以承当的。这是怎么说呢?当时人言志表情,都需要借助诗来完成,或取诗之原意,或用诗之喻义,或"断章取义"。《草虫》中有"未见君子,忧心忡忡。亦既见止,亦既觏止,我心则降"的句子。赵武听出来了子展的言外之意,子展称赵武为君子,而且说看见了君子后,内心就没有了忧愁,这明显是代替郑国向晋国示好,他心系国事,所以赵武说他"民之主也",但又谦虚地说自己不足以当君子。

所以,学诗赋诗的目的是经世致用,出使四方。如果不懂诗就会闹出笑话。《左传》还记载齐国庆封出访鲁国,言谈不敬,鲁国的叔孙豹"为赋《相鼠》",借《相鼠》中有"相鼠有皮,人而无仪!人而无仪,不死何为?"来讽刺他,可庆封竟然不知道,闹出了笑话。

第三则对学诗意义的说明最为充分,"兴观群怨"历来有不同解释。一般认为,"兴",指诗能引起人的兴发感动,借以激发人的感情,说的是诗的文艺功能;"观",指从诗中可以观察社会,因为诗多反映世情民俗、政治得失,说的是诗的民俗学功能;"群",指可以赋诗言志,通过诗与人交往交际,促进团结,说的是诗的社会学功能;"怨",指借诗来委婉表达悲怨之情,或讥刺时弊,说的是诗的政治功能;"事父事君",指从诗中可以学会如何孝养其父,侍奉其君,从而成孝敬,厚人伦,美教化,说的是诗的教化功能;"多识鸟兽草木之名",因为诗经中记载了大量的动植物,从中可以认识更多的鸟兽草木的名称,这说的是诗的博物或科普功能。

二、礼乐之本

【问题导引】

我们身边有哪些常见的礼乐仪式?你认为一场好的仪式应具有怎样的特点?

1. 仁是礼乐内在精神

子曰:"人而不仁,如礼何?人而不仁,如乐何?"

——《论语·八佾》

【译文】

孔子说:"作为一个人却不仁,怎样来对待礼呢?作为一个人却不仁,怎样来对待乐呢?"

【解读】

礼仪奏乐活动的外在形态就是典礼仪式。外在形态需要内在精神情感为依托,否则就是一个形式的空壳。人要是没点仁爱精神,"礼乐"又能怎样?就不再是真正的礼乐,不再具有礼乐的价值。所以这儿提出来一个命题:礼乐的内在精神是"仁"。孔子的感受是什么,是鲁国三桓的时代文化脱节了,那些老贵族们,尤其是主宰鲁国军政大权,僭越的季氏家族,整天典礼奏乐,但就是不懂得礼乐的基本精神是什么。今天有个词叫"仪式感",仪式感相比于仪式更强调仪式中内心升腾起的那份庄重或静谧的情感。

2. 礼以真情为本

林放问礼之本。子曰:"大哉问!礼,与其奢也,宁俭;丧,与其易也,宁戚。"

——《论语·八佾》

【译文】

林放问礼的本质。孔子说:"你的问题意义重大呀,就一般礼仪说,与其铺张浪费,宁可朴素俭约;就丧礼说,与其仪文周到,宁可感情过度悲哀。"

颜渊死,子哭之恸。从者曰:"子恸矣!"曰:"有恸乎?非夫人之为恸而谁为?"

——《论语·先进》

【译文】

颜渊死了，孔子哭得极其悲痛。跟随孔子的人说："您悲痛太过了！"孔子说："有悲痛太过了吗？不为这样的人悲痛还为谁悲痛呢？"

子曰："礼云礼云，玉帛云乎哉？乐云乐云，钟鼓云乎哉？"

——《论语·阳货》

【译文】

孔子说："礼呀礼呀，仅是指玉帛等等礼物而言吗？乐呀乐呀，仅是指钟鼓等等乐器而言吗？"

【解读】

礼乐的内在精神是"仁"，而礼乐中的"仁"则具体表现为人真实的情感。林放问礼乐的根本是什么。孔子说，这是意义重大的问题啊！人们现在说起"礼"，婚丧嫁娶、开业乔迁，追求的都是大排场，但是与其"奢"，不如简朴一点。办丧事的时候，与其"易"，"易"是致礼的周道。有个词语叫"深耕易耨"（深耕细做，及时除草，比喻精心耕种），其中的"易"就是多次地，变换着做。意思是，丧礼与其各种花样地去办，又是跨火盆，又是摔碗，又是吹唢呐，不如悲伤一点。言外之意，我们的礼节，现在越来越复杂，却失去了它的本意。礼顺人情，礼是用来表达人情的。如果光注意排场，不够表达人情了，那"礼"就假了。孔子时代，人们沿着形式的道路越走越远。庄子后来就骂中原之礼，儒家之礼，说"明乎礼义而陋于知人心"（《庄子·田子方》），只懂得礼的表象而不懂得人心是怎么回事。面对心爱的弟子颜回早夭，孔子悲痛欲绝，大呼："天丧予！天丧予！"（《论语·先进》）老天爷要了我的命，哀伤之至而不自知，圣人在面对重大情感冲击的时候，也顾不得所谓常礼，且直言为他哭丧过度并非过失。

"礼云礼云，玉帛云乎哉？乐云乐云，钟鼓云乎哉？"还是在强调礼乐不仅徒有其表，不仅是外在声色、仪文，而是整套制度以及它能够唤起的内心的情感。当然，对于礼乐仪式我们也不能只强调参与者内心要多么虔敬，好的仪式自然能够调动起参与者的真情，去体悟仪式背后的内在精神。

3. 绘事后素

子夏问曰："'巧笑倩[1]兮，美目盼[2]兮，素以为绚[3]兮。'何谓也？"子曰："绘事后素。"曰："礼后乎？"子曰："起予者商也！始可与言《诗》已矣。"

——《论语·八佾》

【注释】

1. 倩：含笑的样子。
2. 盼：眼睛黑白分明。
3. 素：白色；绚：文采。

【译文】

子夏问道："'有酒窝的脸笑得美呀，黑白分明的眼流转得媚呀，洁白的底子上画着花卉呀。'这几句诗是什么意思？"孔子道："先有白色底子，然后画画。"子夏说："（先有仁德）再有礼的吧？"孔子说："启发我的就是你卜商啊！现在可以和你讨论《诗经》了。"

【解读】

"不学诗，无以言"，子夏和老师在对一句诗的讨论中认识有了质的飞跃。子夏问的是《诗经·卫风·硕人》中写卫庄公夫人庄姜美貌的一句。"倩"就是指笑靥迷人。"盼"的本意是黑白分明，双目顾盼生姿，熠熠生辉。"素以为绚兮"，意为不用打扮，就是这么绚丽。子夏问什么意思，孔子回答了一句"绘事后素"，这被认为是孔子重要的美学思想。"绘事"就是作画，"素"就是白底儿，"后素"是"后于素"的意思。一张白纸，才能画最新最美的图案，绘画先要有个洁白的好底子。这句话本来是打比喻，指女孩也就像画画一样，十七八岁的女孩子有好底子，不用化妆也可以很漂亮，而年纪大的女性却需要涂涂抹抹来给自己增添亮色了。再引申出去就是文与质的关系，先具有了好的质地，才配得上好的文采。

但是子夏接下去的理解却有了突破性的进展。"礼后乎？"世界之所以有文化，有"礼"，也是因为我们底子好吧？人类为什么有文明？为什么有些动物也很聪明，也有感情，但是却没有产生文明。说简单点，因为人类有独属于自己的"美质"，包括理性、情感、仁爱等。所以在礼乐教化之前需要打造好自己的质地。这句话对儿童教育很有启发，新生的孩童就是"素"，就是一张白纸，可以绘制最新最美的图画，文化是附益，底色很关键。

三、立于礼

【问题导引】

孔子讲求礼制等级，在平等观念深入人心的今天，这种思想在今天还有存在的价值吗？

1. 礼之用

有子曰："礼之用，和为贵。先王之道，斯为美，小大由之。有所不行，知和而和，不以礼节之，亦不可行也。"

——《论语·学而》

【译文】

有子说："礼的功用，以处事和谐为可贵。过去的圣明君主治理国家，最可贵的地方就在这里。他们做事，无论大事小事，都按这个原则去做。如遇到行不通的，仍一味地追求和谐，却并不用礼法去节制它，也是行不通的。"

有子曰："信近于义，言可复也。恭近于礼，远耻辱也。因[1]不失其亲，亦可宗[2]也。"

——《论语·学而》

【注释】

1. 因：依靠，靠近；一说"因"通"姻"。

2. 宗：尊敬。

【译文】

有子说："约言符合道德规范，这种约言才可兑现。态度谦恭符合礼节规矩，才不会遭受羞辱。所依靠的都是可亲的人，这也就可尊敬了。"

【解读】

《礼记》里面记载过子游曾经评价有子"有子之言似夫子"，有子的话和孔子的很像，得到了夫子真传。这两则都是有子关于礼的论述。礼的最重要的作用，是实现和。"和"不等于"同"，古今任何社会都是存在等级和差异的，做不到完全平等、相同。如果非要让公司保洁员和大学教授拿相同的工资，实现相同的待遇，这不是公平，也不是"和"。一个社会如果将不同岗位、不同身份、不同层次、不同能力的人井然有序地安排在各安其分的地方，给予合适的待遇，这就是礼所实现的和。长幼、尊卑、亲子、师生、兄弟、同事等不同关系之间存在不同的待人接物、和谐相处的方式。大大小小的事都应该遵循礼，遵循和谐之道。但是孔子一再强调过犹不及的中庸之道，"知和而和"就是强行强调和，和稀泥的和，没有原则，不辨是非地追求表面的和，这些是不依礼而行的和，是孔子坚决反对的。所以这一句强调"礼"在调节人际关系中的重要性。对于个体修养来说，近礼能让人远于耻辱。"恭近于礼，远耻辱也"，对待他人恭敬符合礼貌的标准，才不会遭到羞辱。巧言、足恭，这样的谄媚式的恭敬是人格不正的，只有不卑不亢才能在与人的交往中立得住。

子曰："君子博学于文，约之以礼，亦可以弗畔[1]矣夫。"

——《论语·雍也》

【注释】

1. 畔：通"叛"。

【译文】

孔子说："君子广泛地学习文化知识，再用礼来加以约束，这样也就不会离经叛道了。"

【解读】

"博学而笃志，切问而近思。"博学是君子需要终身坚持的，但君子光有博学还不够，还需要以礼来约束自己。所谓"克己复礼"，一切言行都能按照礼的标准，就可以不违于道，就能恪守住仁德，不会有叛逆的行为了。放在今天来看，这句话就类似于强调一个学生不光得有全方位多学科的智力教育，还应该有礼仪道德教育去约束他，二者齐头并进，才能教育出不离经叛道的人。

2. 声讨违礼

孔子谓季氏："八佾舞于庭，是可忍也，孰不可忍也？"

——《论语·八佾》

【译文】

孔子评价季氏："他用六十四人在庭院中奏乐舞蹈，如果连这么出格的事情都忍心敢做，还有什么事情不敢做呢？"

三家者以《雍》彻[1]。子曰："'相维辟公[2]，天子穆穆'，奚取于三家之堂？"

——《论语·八佾》

【注释】

1. 《雍》：《诗经·周颂》的一篇，是周天子祭祖时用的诗。彻：同"撤"，古代祭礼完毕后撤掉祭馔。

2. 相（xiàng）：助祭者，辟公：诸侯。

【译文】

孟孙、叔孙和季孙三家祭祖时，唱着《雍》这首诗歌来撤除祭品。孔子说："《雍》诗说的'诸侯都来助祭，天子恭敬地主祭'怎么能用在三家大夫

第五讲 "兴于诗，立于礼，成于乐"：为何要学诗、礼、乐？

的庙堂上呢？"

【解读】

《论语》中"季氏""三家"涉及久远的鲁国历史。三家是鲁国当政的三家卿大夫"孟孙氏""叔孙氏""季孙氏"，他们同属于《春秋》记载的十二任鲁国国君中第二任鲁桓公的后代，所以"三家"，又叫"三桓"。这三家后代都在做公卿，而且逐渐掌握了鲁国的大权，最后发展到把公家的财产、军队一分为三，甚至一分为四，季氏家族拿两份。到了孔子时代，三家僭越已经很不像话了，就差弑君了。

八佾是古代一种舞蹈样式，八个人为一行，这叫一佾，八佾就是八行，八八六十四人，是一种只有天子才能够享受的舞蹈规格。现在作为鲁国大夫的季氏竟然行天子之乐，在自家庭院表演，这在孔子看来简直是僭越周礼，胆大妄为。所以他说"是可忍也，孰不可忍也？"这句话有两种理解，一种是，这种事都可以容忍，还有什么不能容忍的呢？第二种理解是，这种事都能忍心（做出来），还有什么事不忍心呢？前者的主语是孔子，后者的主语是季氏。所以后来果然君臣起衅，季氏家族把国君鲁昭公赶走。这样的话说自孔子早年，他就看到季氏家族日益做大，使用周天子礼乐在家里折腾，孔子就说完了，这种事情都敢做了，突破了底线了。孔子对于这种违礼现象深恶痛绝。

子曰："天下有道，则礼乐征伐自天子出；天下无道，则礼乐征伐自诸侯出。"

——《论语·季氏》

【译文】

孔子说："天下太平，制礼作乐以及出兵征伐的命令都由天子下达；天下昏乱，制礼作乐以及出兵征伐的命令都由诸侯下达。"

【解读】

天下有道，即天下太平。制定礼乐，决定国之大事的战争，都是天子做主，孔子认为，尧、舜、禹、汤以及西周都是如此。"天下无道"是从齐桓公以后，周天子已无发号施令的力量了，齐桓公称霸以来，历经十朝，最后一任君主齐简公被陈恒所杀，孔子亲身所历。晋国自晋文公称霸以来，六卿专权，也是孔子亲见。鲁国被三桓，尤其是被季氏把控，季氏又被其家臣公山弗扰、阳虎之流所反叛，更是孔子亲眼见到的。在孔子看来，整个春秋时代是诸侯挟持天子，大夫放逐诸侯，家臣反叛大夫这样的一个天下无道的时期。孔子说这句的时候肯定对上下颠倒的无道现实愤懑久矣。

3. 敬慎守礼

子入太庙，每事问。或曰："孰谓鄹人[1]之子知礼乎？入太庙，每事问。"子闻之，曰："是礼也。"

——《论语·八佾》

【注释】

1. 鄹（zōu）人：孔子的父亲做过鄹大夫，所以这里称为鄹人。

【译文】

孔子进入太庙，每遇到一件事都细细地询问。有人说："谁说鄹邑大夫的儿子懂得礼仪呀？他进到太庙里，每件事都要问人。"孔子听到这话，说："这正是礼嘛。"

【解读】

孔子仕鲁期间参与鲁国祭祀，故得入周公之庙助祭。在众人看来孔子早以知礼闻名，对这些流程礼数应该如数家珍，但孔子却"每事问"，于是对此发出疑惑。孔子对此回答道："这正是礼啊。"对于宗庙祭祀这种大事，尤其是第一次进入太庙，保持敬谨的心态，不知道就问，这才是知礼用礼。

子贡欲去告朔之饩羊。子曰："赐也！尔爱其羊，我爱其礼。"

——《论语·八佾》

【译文】

子贡要免除鲁国每月初一告祭祖庙的杀只活羊的仪式。孔子道："赐呀，你舍不得那只羊，我舍不得那种礼。"

【解读】

这一则讲的是孔子恪守旧礼，不愿废礼。"告朔饩羊"是一项礼制。"朔"是每月第一天，君主每月初一需要亲临祖庙告朔于庙，同时还需要"视朔"，也就是听政，并且杀一只活羊祭祀。到了子贡的时候，每月初一，鲁君不但不告朔，也不听政，就杀一只羊。子贡觉得这项告朔礼废弃这么久了，还杀羊搞形式主义干吗呢，便连羊也不想杀了。孔子便说"你舍不得那只羊，我还舍不得这个礼呢。"在孔子看来，杀羊是形式，礼才是本质。这有点像我们说的仪式感的问题了，长大后不大张旗鼓过生日，但生日那天，蛋糕还得象征性地吃一个。人们见了这个羊，好歹知道我们是有过这么一个礼的，现在礼也不弄了，连宰羊的仪式也没有了，后人就再也不知道曾经有过这么一项礼仪了。很多仪式典礼，虽然已经失去了具体意义，但它的形式本身还具有价值。

四、成于乐

子曰："兴于诗，立于礼，成于乐。"

——《论语·泰伯》

【译文】

孔子说："诗提高我的修养，礼使我立足社会，音乐健全我的人格。"

【解读】

本则是论述诗礼乐的作用与关系最精炼的一句话。成为一个君子是有顺序的，诗以抒情，感发人的意志，让人振奋，教人以兴观群怨；礼以立身，教人以社会秩序，让人上自朝廷宗庙，下到乡党家庭，言语、容貌、器服、制度都能符合规矩。但音乐是完善、完成君子人格的重要一环，它能柔和陶冶人的性情。孔子自己是很懂音乐的，对艺术教育的重要性认识很深刻。诗礼乐是圣人之道的基本修养,是孔子弟子的共同学科。放在今天诗、礼、乐好比语言教育、道德教育、艺术教育。

> 子谓《韶》:"尽美矣,又尽善也。"谓《武》:"尽美矣,未尽善也。"
>
> ——《论语·八佾》

【译文】

孔子评论《韶》,说:"美极了,而且好极了。"论到《武》,说:"美极了,却还不够好。"

> 子在齐闻《韶》,三月不知肉味。曰:"不图为乐之至于斯也。"
>
> ——《论语·述而》

【译文】

孔子在齐国听到《韶》的乐章,很长时间尝不出肉味,于是道:"想不到欣赏音乐到了这种境界。"

> 子与人歌而¹善,必使反²之,而后和之。
>
> ——《论语·述而》

【注释】

1. 而:如果,表假设。
2. 反:反复,再来一次。

【译文】

孔子同别人一道唱歌,如果唱得好,一定请他再唱一遍,然后自己跟着他唱。

【解读】

《韶》是上古舜帝之乐。孔子在齐国听到后,很长时间连吃肉都食不甘味,有学者认为是孔子伤痛齐国君主无道,却在齐国听到《韶》乐,欣赏音乐的感情与他内心对礼的理智起了冲突。这种解释有点牵强，孔子对《韶》有着尽善尽美的评价。"尽善尽美"也成了我们今天评价艺术作品的一种标准，即既要看它的艺术性，又要看它的道德教化性。《武》是周武王时的乐曲名，武王得天下靠的是杀伐，而舜的帝位是尧禅让而来，在道德上符合礼的精神。所以《韶》是尽善尽美，而《武》艺术上很好，道德理想上还差点意思。古人闻乐知政，《左传》中记载吴公子季札出使鲁国，鲁国人为他表演周王室乐舞，季札听一首点评一首，对这些礼乐有很精到的理解。听到《韶》的时候，季札点评道："德至矣哉！大矣！如天之无不帱也，如地之无不载也。"这首乐曲，功德达到顶点了，就像苍天无所不覆盖一样，像大地无所不承载一样，并认为已经达到顶尖了，不敢再听下去了。孔子听《韶》乐，是圣人之乐契合圣人之心。

问题与讨论

1. 以下这句话与孔子谈论学习的"六言六弊"在表述方式上有些类似。请结合这句话说说"礼"的价值。

子曰："恭而无礼则劳；慎而无礼则葸；勇而无礼则乱；直而无礼则绞。君子笃于亲，则民兴于仁；故旧不遗，则民不偷。"

2. 洞庭湖畔，伴随着古朴豪放的渔歌，老渔夫燃香祭拜，祈祷丰收与平安，拥有数千年历史的牧渔纳福仪式被重新演绎。壬寅虎年除夕，2022央视春晚如约而至，很多家庭围坐共赏，不少人感叹，"年三十看春晚"仿佛是1983年以来的一种仪式，成了国人除夕夜的共同记忆。

有人说，仪式不过是一种形式，其实可有可无；

有人认为仪式内涵丰富，不可或缺；

有人觉得，身处快节奏的社会，可以没有仪式，但不能没有仪式感……

以上材料引发了你怎样的联想和思考？请自选角度，自拟题目，写一篇议论文。

3.（2018 海淀高三一模）孔子说"绘事后素"，意思是先有白色的底子，才能在上面绘画。油画创作中，第一层着色被称为底色，底色会影响整幅画的色调。其实，一个人具有或选择怎样的底色，与他的人生发展密切相关。

请以"谈底色"为题，写一篇议论文。要求：观点明确，论证合理。

第六讲

"文质彬彬，然后君子"：今天还需要提倡做君子吗？

"君子"一词在古代具有双重含义，一是指"君王之子"，即政治地位崇高者。如，"窈窕淑女，君子好逑"（《诗经·关雎》），"君子博学而日参省乎己"（《荀子·劝学》），"天行健，君子以自强不息"（《周易·乾卦》）。先秦典籍中君子多这类含义。因地位崇高、身份尊贵，整个社会便对他们有了更高的品德与人格要求。因此，"君子"一词也具有道德品质的属性。君子演变成人格高尚、道德品行兼好之人之意。如，"莲，花之君子者也"（周敦颐《爱莲说》），"君子之交淡如水，小人之交甘若醴"（《庄子·山木》）。君子是德智勇兼具的知识分子，君子人格是儒家的理想人格。唐宋等后世文人在文章中经常追慕"古之君子"，以反衬"今之君子"，今天我们似乎很少再用"君子"来称许一个人了。《论语》中对君子在道德修养、行为准则、处世态度上有怎样的期许呢？这些价值在今天还需要被提倡吗？

【说文解字】

| 甲骨文 | 金文 | 小篆 | 楷体 |

"尹"，表示治事；从"口"，表示发布命令。合起来的意思是：发号施令，治理国家。

【问题导引】

当你今天听到一个人被别人称为"君子"的时候，你会联想哪些与之相关的学识修养、行为准则与处事态度?

一、君子之行

1. 行重于言

【问题导引】

在竞争激烈的当今社会,好口才是重要且让人羡慕的,会说话也成了必备的能力,那如何看待《论语》中强调"讷言""慎言"的意义价值?

子贡问君子。子曰:"先行其言而后从之。"

——《论语·为政》

【译文】

子贡问怎样才能做一个君子。孔子道:"对于你要说的话,先实行了,再说出来(这就够说是一个君子了)。"

子曰:"古者言之不出,耻躬[1]之不逮也。"

——《论语·里仁》

【注释】

1. 躬:自身。

【译文】

孔子说:"古时候的人言语不轻易说出去,就是怕自身来不及实行而羞耻。"

子曰:"君子欲讷[2]于言而敏于行。"

——《论语·里仁》

第六讲 "文质彬彬，然后君子"：今天还需要提倡做君子吗？

【注释】

2. 讷（nè）：语言迟钝。

【译文】

孔子说："君子言语要谨慎迟钝，工作要勤劳敏捷。"

子曰："君子耻其言而过其行。"

——《论语·宪问》

【译文】

孔子说："说得多，做得少，君子以为耻。"

【解读】

先秦诸子都很看重语言，把语言提高到关系民生政治的高度。孔子说过"一言兴邦""一言丧邦"，关键人物的一句话能影响大局，所以说话得慎重。孔子欣赏木讷的品质，提倡"敏于事而慎于言""讷于言而敏于行"，"耻其言而过其行"，就是以言过其实、"躬之不逮"为耻。孔子批评"巧言"者，他们喜欢夸夸其谈，夸大其词，行为上往往做不到。比如三国时期的马谡，刘备死前就说马谡其人，"言过其实，不可大用"。

中国历史上，"讷言敏行"的君子不少。比如西汉名将周勃，刘邦称周勃"重厚少文"，并预言他日"安刘氏者必勃也"。后来周勃在铲除吕氏势力中立了头功，应验了刘邦的预言。再比如，清华大学校长梅贻琦，他有一句名言："所谓大学，非大楼之谓也，乃大师之谓也。"但他并非能言善辩的大学者，相反梅先生生性不爱说话，被称作"寡言君子"。国学大师陈寅恪曾称赞道："假使一个政府的法令，可以和梅贻琦说话那样谨严，那样少，那个政府就是最理想的。"梅贻琦1931年10月就任清华大学校长时的就职演说，被认为是影响清华的演说，没有放言高论，相当低调，平时多听少说，审慎行事。

行重于言之所以是君子品格，就在于为政者最容易言过其行，上任前吹得比天还大，要改善当地环境，GDP增长多少个百分点，完成多少民生目标，拉拢民心，但等到上位以后往往当初许诺的话会落空。所以对一个为政者，在位统治者来说，先行其言而后从之，不仅仅是一种道德上的优秀品质，更是一种对为政者的实干、言出必行的要求。我们今天说的"少说话，多干事"就是这个意思。近年中央反腐反的很多是"嘴上清官"，有的干部说而不做，有理论无实际，所做不符合所说。李克强总理也呼吁过"喊破嗓子，不如甩开膀子"。西方的政治传统很注重演讲，候选人在竞选中通过漂亮的口才，有气势的演讲，勾勒出的美好愿景拉拢选民，这一点和儒家看重的慎言讷言是很不一样的。

2. 义以为上

子路曰："君子尚[1]勇乎？"子曰："君子义以为上，君子有勇而无义为乱，小人有勇而无义为盗。"

——《论语·阳货》

【注释】

1. 尚：以之为上。

【译文】

子路问道："君子尊贵勇敢不？"孔子道："君子认为义是最可尊贵的，君子只有勇，没有义，就会捣乱造反；小人只有勇，没有义，就会做土匪强盗。"

子曰："君子之于天下也，无适[2]也，无莫[3]也，义之与比[4]。"

——《论语·里仁》

【注释】

2. 适：专一注重。

3. 莫：不肯。

4. 比：挨着，比邻，这里理解为跟从。

【译文】

孔子说:"君子对于天下的事情,没规定要怎样干,也没规定不要怎样干,只要怎样干合理恰当,便怎样干。"

子曰:"君子义以为质,礼以行之,孙[5]以出之,信以成之,君子哉!"

——《论语·卫灵公》

【注释】

5. 孙:逊。

【译文】

孔子说:"君子把义来做他一切行事的本质,又依礼节来推行,谦逊地表达,诚信地完成,这样才真是一个君子呀!"

【解读】

"孔曰成仁,孟曰取义",儒家讲仁义,相对来说,孔子更侧重讲"仁",孟子仁义连说,更侧重讲"义"。孔子的学说核心是"仁",君子是行仁的主体,但孔子也说君子要讲义。仁与义有什么区别呢?孟子说,"恻隐之心,仁之端也;羞恶之心,义之端也"。仁是同情、怜悯、不忍心,义则是羞愧、憎恶、正义感。义是看到自己做了不义之事后有惭愧的心理,看到别人做了不义之事后有憎恶的反应。钱穆先生认为,"仁"偏指内在用心,近内;"义"偏指你应尽义务,近外。君子要做大事,光有柔软慈爱的仁是不够的,更应该有刚硬的,对他人的正义之心。因此,居高位的君子一旦缺乏对自己羞恶感和对他人的憎恶感,只凭着一股勇气冲动行事,就可能陷于混乱。

孔子认为"义之与比""义以为质","义"是君子处事的准绳,做事的根本,凡事不一定非要怎么干,也不一定不能怎么干;凡事不固定和谁亲,也不固定和谁远,只唯道义是亲。和君子"义以为上"相反,孔子还说了一个词叫"言不及义",对于整天混在一起,说不上一句和"义"相关的话的人,孔子对他们是很头疼的。

"义以为质"这一则除了强调"义"是君子的本质之外,还强调了用"礼"的形式来推行义。拿学校生活做例子,我们在校园里做班干,自然是要以身作则,以道义来要求自己。在推行班级某个政策的时候,则要依规而行,不能耍班干威风。"孙以出之"强调言语谦逊地表达,别人不配合你的工作,甚至对你掣肘,你不应该鲁莽地骂过去,而应该委婉智慧地让他听从配合,这是需要我们的仁爱和智慧。最后还得通过诚信,说到做到来获得成功。所以这一则说君子,可以说包括了"仁义礼智信"五个方面,但孔子认为"义"是本质。

3. 谨慎举废

子曰:"君子不以言举[1]人,不以人废[2]言。"

——《论语·卫灵公》

【注释】

1. 举:提拔,即"不废"。
2. 废:废弃,即"不举"。

【译文】

孔子说:"君子不因为人家一句话(说得好)便提拔他,不因为他是坏人而鄙弃他的好话。"

【解读】

这句话的关键在于我们应该如何去评价一个人的"言"和一个人之为人。前者是一个人的语言、才华、能力;后者是一个人的品质、道德、人格。孔子的看法是,一个君子不能因为一个人讲了几句好话,或者有一点本事,就提拔他。一方面,孔子说过"有德者必有言,有言者不必有德"(《论语·宪问》),能说出善言的不一定是有德行的,吹嘘拍马的人到处都有,如果因为说了一句中听的话就提拔那个人,可能倒霉的日子在后头。另一方面,即使那个人没有道德上的毛病,要提拔也得做细致认真的考察,赵括和马谡的教训就是举人太过草率,疏于考察。

君子也不能因为一个人是一个坏人，道德有缺陷，或者因为他地位低下，就否定他的话，不采纳他正确的意见，甚至把他的才能全盘否定。"不以人废言"这一点尤其应该作为君子选择评判人才的一个标准，中国讲究伦理道德，一个人如果道德败坏了，那么他身上的才能很可能就被历史遮蔽了。比如秦桧、严嵩的字，汪精卫、阮大铖的诗。有的时代，统治者甚至特别看重言（才）而忽视人（德），典型代表就是曹操《求贤令》："若必廉士而后可用，则齐桓其何以霸世？"强调唯才是举，如陈平那样有着盗嫂受金的"污点"，也都可以"大行不顾细谨"了。

生活中，人们习惯"以人废言"，甚至彻底否定一个人，有时候甚至会走极端。很多时候我们要思考孔子的智慧，不论一个人地位有多卑微、品格有多低下，只要他的意见是正确可行的，就应当听取，不能因为品格上的瑕疵就否定此人的其他成就。

二、君子之志

1. 君子不器

【问题导引】

君子做学问，做事情，会像器物一样，只能作有限目的之使用吗？为什么中国人普遍更愿意上大学，而非青睐于职业技术学院呢？

子曰："君子不器。"

——《论语·为政》

【译文】

孔子说："君子不像器皿一般（，只有一定的用途）。"

【解读】

器就是器皿。凡是器皿都有专门一定的用途，该干什么就干什么。一个杯子就是盛水的，一把扇子就是扇风的，它的作用是固定不变的。但是儒家认为，一个真正的君子，不是从事专门某个专业的，他不该被固化，被物化，他应该关心超越"器"之上的普遍的"道"，普遍的"道"是君子应该关心的，而不是上哪儿去学门专业，学门手艺，混口饭吃，或者乃至要通过这种途径报效社会，这都流于"器"的层面了。孔子弟子也说过"虽小道，必有可观者焉，致远恐泥，是以君子不为"（《论语·子张》）。巫医乐师百工之类的小道，虽然有可观的地方，但会妨碍君子走上正路。

那君子的正路是什么？君子应该想一想人类的未来，想一想国家的未来，从大方面着眼，未来社会的方向应该怎么走？什么样的体制？怎样的规划？这些都不属于"器"的层面，而是属于"道"的范围。儒家认为，一个真正的君子，应该以道为己任，他们读书做官是为了"治国平天下"，其职责是维系和指引整个社会的生存，而不是以干点专业为己任。说到西方大学，四五百年历史的大学都有，最早的大学是教会办的，它最早的教育目标是要培养博雅君子，这跟"君子不器"是一个意思。比如瑞士制造钟表，就算你的钟表质量在全世界数第一，你也照样是个学院，不能叫大学。大学只要是专业性研究都叫学院，大学必须有人文学科才叫大学，这仍然是"君子不器"的道理。

我们都熟悉知识分子（Intellectual）这个词语，但当下有学者说"知识分子"越来越成为"知道分子"。真正的知识分子不是一个专门领域的学者，而是超越你的专家身份而认为我承担着一份社会的责任，他关注人类一般事务，并保持自己的良心，承担为社会正义发声，追求真理的使命。这应该是不器的君子所应该成为的。

2. 志不可夺

子曰："三军可夺帅也，匹夫不可夺志也。"

——《论语·子罕》

【译文】

孔子说："一国军队，可以使它丧失主帅；一个男子汉，却不能强迫他放弃主张。"

曾子曰："可以托六尺之孤，可以寄百里之命，临大节而不可夺也。君子人与？君子人也。"

——《论语·泰伯》

【译文】

曾子说："可以把幼小的孤儿和国家的命脉都交付给他，面临安危存亡的紧要关头，却不动摇屈服——这种人，是君子吗？是君子啊。"

【解读】

今天我们说到君子，容易联想到儒雅谦和的一面，而君子还有刚毅凛然不可犯的一面。"三军可夺帅也，匹夫不可夺志也"这一句将道德人格的崇高表达无遗，是至理名言。周朝的制度，诸侯大国可以拥有军队三军，一支军队可以丧失主帅，但一个普通人，你不能强迫他改变他的志向主张，这是一种理解。还有一种理解，你可以剥夺三军主帅的权力，但你不能剥夺一个普通人的意志。

《孙子兵法·军争篇》中说"三军可夺气，将军可夺心"，是说在激烈的战争中，士兵的心理和将帅的意志，可能突然崩溃，兵败如山倒。但与之相反，孔子强调的是只要坚守信念，匹夫之志是不可屈服的。皖南事变后，叶挺将军入狱，他在监狱里过生日，用这两句话自勉。梁漱溟在艰难岁月中，也曾以此句表明自己的志向，不愧为身体力行的孔门学徒。

曾子这句话是对"匹夫不可夺志也"的发扬，而且特别强调在面临国家安危和个人生死的大关节处不能动摇，有如此节操，可谓君子。人们日常面临的都是鸡毛蒜皮的琐事和喜怒哀乐等情绪，这都是小的关节，这些地方看不出一个人的品格气节，而在关乎民族、种族、人伦等大是大非的面前，面对人性和道德的拷问，能够经受住考验，这是一个君子。

在陈绝粮，从者病，莫能兴。子路愠见曰："君子亦有穷乎？"子曰：

"君子固穷，小人穷斯滥矣。"

——《论语·卫灵公》

【译文】

孔子在陈国断绝了粮食，跟从的人都饿病了，躺着不能起来。子路生气地来见孔子说："君子也有困窘的时候吗？"孔子说："君子在困窘时能固守正道，小人一困窘就会胡作非为。"

【解读】

孔子周游列国屡屡受挫，曾被困陈蔡之间，没有粮食。子路非常不满，他认为徒弟们行君子之道，跟随老师推行仁道，怎么会落到如此困乏的地步呢？孔子回答，"君子固穷"。"固"普遍有两种理解，一种是固然或本来的意思，就是说君子本来就不贪求什么，所以很容易变得困窘的，这么理解，孔子是很豁达的。另一种理解是将"固"解释为"固守"，意思是君子安处于穷困，不会失去气节，无怨无悔。这和"不仁者不可以久处约"的意思是类似的，君子可以"久处约"。但是小人穷困，就会"滥"，"滥"是水满溢出的意思，表明行为越轨，胡作非为。我们认为后者的解释为优。这一小段故事很多典籍如《荀子》《吕氏春秋》等都进行了演绎，比如《孔子家语》中孔子对子路的回答中说道："君子修道立德，不谓穷困而改节。为之者，人也；生死者，命也。"君子的志向不可改变。

【问题导引】

梅花香自苦寒来，君子的意志也是需要磨砺的。当你遇到挫折时，是怎么对待的呢？

子曰："岁寒，然后知松柏之后凋也。"

——《论语·子罕》

【译文】

孔子说："天冷了，才晓得松柏树是最后落叶的。"

【解读】

这一则以自然景物比喻人的气节。"然后知松柏之后凋也"有两种解释,一种解释"才知道松柏是最后凋零的";另一种将"后"理解为"不","才知道松柏是不凋零的"。钱穆的解释为:"松柏亦非不凋,但其凋在后,旧叶未谢,新叶已萌,虽凋若不凋。"春夏之季,草木茂盛,看不出谁的生命力更强;但是一到天气寒冷,一般草木枯的枯,死的死,只有像松柏这样的树木,仍然苍劲挺拔。好比人在顺境之中,看不出谁的道德操守好,但是一到逆境中,就高下立判,好坏立分了。文天祥《正气歌》说"时穷节乃见",就是这个意思。被称为岁寒三友的"松、竹、梅",成为中国文化中气节风骨的典型象征。北京大学冯友兰先生的故居,又名"三松堂",结合冯先生在特殊年代的遭遇和他在中国哲学史上的贡献,总能够将他屋前的三棵松柏与他的人格志向结合起来。

三、君子之境

1. 庄重威严

子曰:"君子不重则不威,学则不固。主忠信,无友不如己者,过则勿惮改。"

——《论语·学而》

【译文】

孔子说:"君子,如果不庄重,就没有威严;即使读书,所学的也不会巩固。为人要以忠信为主。不要与不同于自己的人交友。有了过失,就不要害怕改正。"

【解读】

"君子不重则不威",君子要是不庄重,便没有威严,便不被人敬重。领袖的风采在中国文化的氛围下很重要。中国的礼乐文明,特别讲究风度、风采。治理百姓也是如此,"临之以庄,则敬"(《论语·为政》),"为礼不敬,临丧不哀,吾何以观之"(《论语·八佾》),"不庄以涖之,则民不敬"(《论语·卫灵公》)。如果你用庄重的态度对待他们,他们就会恭敬。但庄重不是整天板着个脸,庄重的人也可以很温和恭谦。庄重是精神上的凝重,对待事情,尤其是礼仪严肃认真。所以,一个人内心不庄重,"学则不固",即使学点什么也不牢固。

2. 君子忧己

子曰:"君子疾没世而名不称焉。"

——《论语·卫灵公》

【译文】

孔子说:"到死而名声不被人家称述,君子引以为恨。"

子曰:"君子病无能焉,不病人之不己知也。"

——《论语·卫灵公》

【译文】

孔子说:"君子只惭愧自己没有能力,不怨恨别人不知道自己。"

子曰:"不患人之不己知,患不知人也。"

——《论语·学而》

【译文】

孔子说:"别人不了解我,我不急;我急的是自己不了解别人。"

子曰:"不患无位,患所以立。不患莫己知,求为可知也。"

——《论语·里仁》

【译文】

孔子说:"不发愁没有职位,只发愁没有任职的本领;不怕没有人知道自己，去追求足以使别人知道自己的本领好了。"

【解读】

这几句意思和表述都很相近，据此杨伯峻先生认为，"孔子的言论，当时弟子各有记载，后来才汇集成书。所以《论语》一书绝不能看成某一个人的著作"。孔子说"君子不忧不惧"，又说到君子有"病""疾""患"，也就是君子也有担忧的地方。君子重名洁名，希望得到认可与赏识。但如果不如人意，自己渴望被赏识而不得，首先不要生气，"人不知而不愠，不亦君子乎？"并且要反问这是不是自己的无能，要担心是我占据了某个位置，但能不能在某个位置上立得住，或者靠什么立得住。如果不行，那就要退而提升自我，同时还要反省我自己会不会也没了解别人，让别人和我一样不被知晓。所以，儒家君子所忧的都是自我反躬内省后，感到自己的不足，君子是求诸己，是律己责己而非律他责人的，从君子之患能看出君子的境界。韩愈《原毁》有名句："古之君子，其责己也重以周，其待人也轻以约……今之君子则不然。其责人也详，其待己也廉。"他认为古今君子最大的差别在于古之君子对待自己严格而周密，凡事先忧己，先从反思自己出发。这句话放在今天也很有启发意义。

子曰：德之不修，学之不讲，闻义不能徙，不善不能改，是吾忧也。

——《论语·述而》

【译文】

孔子说："品德不培养；学问不讲习；听到义在那里，却不能亲身赴之；有缺点不能改正，这些都是我的忧虑哩！"

【解读】

这一则孔子说的是对自己修身的四点要求，做不到这四点则是自己所忧惧的：修养品德、讲习学问、闻义而徙、知错能改。简单来说就是不修、不讲、不徙、不改是孔子对自己的担忧，这些也是学者对自己每天的要求。当然这句还有一种理解，孔子所忧的这四点，不是针对自己，而是针对世人，忧的是世人做不到这四点。相比之下，还是前者更好，这大概是孔子借自己忧虑这四者来教导弟子。

3. 文质兼备

子曰："质胜文则野，文胜质则史[1]。文质彬彬[2]，然后君子。"

——《论语·雍也》

【注释】

1. 史：宗庙之祝史，即在官府掌管文书的人，这里比作文雅、虚浮。
2. 文质彬彬：折中文、质，让两者恰如其分，结合均匀。

【译文】

孔子说："质朴多于文采就难免显得粗野，文采超过了质朴又难免流于虚浮，文采和质朴完美地结合在一起，这才能成为君子。"

棘子成曰："君子质而已矣，何以文为？"子贡曰："惜乎，夫子之说君子也！驷不及舌[3]。文犹质也，质犹文也。虎豹之鞟[4]犹犬羊之鞟。"

——《论语·颜渊》

【注释】

3. 驷不及舌：话一出口，四匹马也追不回来，这是感叹棘子成说错话。
4. 鞟（kuò）：去毛的兽皮。

【译文】

棘子成说："君子有好本质就行啦，要文采做什么呢？"子贡说："可惜呀！夫子您这样谈论君子。一言既出，驷马难追。文采如同本质，本质也如同文采，二者是同等重要的。假如去掉虎豹和犬羊的有花纹的皮毛，那这两样皮革就没有多大的区别了。"

【解读】

质就是内容，文就是形式、外在表现，如果说质超过了形式或者说大于形式或者说文不足以跟这个内容相配，这就"野"。野就是太质朴，不讲文采。文胜质则是如果形式大于内容了就"史"，史原来是一种文书官，君主说什么我记下来，说什么意思我不太管，所以有空、虚浮的意思。"文质彬彬"就是说文和质应该互相统一、互相映发、珠联璧合，这才是君子所要求的。也就是说，君子不要单讲内容，也不要单讲形式，还是一个文质相配的原则，这个原则不仅适用于做人，还适用于做事，做个设计花里胡哨、五颜六色，但看了不知所云，主体不明，这就是"文胜质则史"。所以，无论做人做事都应该"文质彬彬"。"质"的重要性我们都理解，好的本质、底色、内涵无疑是重要的，但"文"的重要性往往被忽视。子贡面对棘子成要质不要文的看法，打出的比喻很形象，虎豹的美在于皮毛，皮毛就是文采。对君子来说，君子不可缺少的文就是礼乐文章，没有这个那就同野人没有区别了。《周易》里有句话："君子豹变，其文蔚也。"古人认为君子的成长像豹一样，出生丑陋，但是经过自己修养、求知，最终像成年的豹子一样，花纹越来越漂亮，越来越有光彩。

【问题导引】

君子注重自己的气质、品格与内涵。君子修身养性，会达到什么样的境界呢？

子夏曰："君子有三变：望之俨然，即之也温，听其言也厉。"

——《论语·子张》

【译文】

子夏说："君子有三变：远远望着，庄严可畏；向他靠拢，温和可亲；听他的话，严厉不苟。"

【解读】

当你初步接近一个真正有修为的君子的时候，你首先看到的是他端正的衣冠，不违于礼，庄重威严的外在形象。向他靠拢的时候，你会感觉到他亲和的一面。当你聆听他的言辞教导，又会感到他严肃、认真的一面。一般情况,望之俨然的人不太会温和。温和的人说话不会严厉,所以能做到这样的境界只有孔子这样有修为者。这其实也是我们对于一个好的为政者、领导人的要求,形象气质上威重,与人交流上温而厉,待人温润,遇事严肃。子夏说的"三变",是我们接触感受君子的三个阶段,但君子本身是不变的,俨然、温厉皆是他们德行的自然生发。

【问题导引】

《论语》中经常"君子"与"小人"对举,有一些是以德言,有一些是以位言,有些兼而有之。在对比中君子境界更加凸显,以下哪一则对举的句子让你最有感触?结合现实说说你的看法。

4. 君子与小人

子曰:"君子坦荡荡,小人长戚戚。"

——《论语·述而》

【译文】

孔子说:"君子心地平坦宽广,小人却经常局促忧愁。"

【解读】

这一则是讲君子小人精神状态的不同。"坦荡荡"是"宽广"的意思。"戚戚"是忧惧、局促、愁闷的意思。君子对人无所不容,心胸宽广,所以襟怀坦荡,不忧不惧。小人成天算计别人,对一点点名利得失耿耿于怀,所以经常一肚子牢骚。所以,坦荡荡是君子的一种生活境界。说到"君子坦荡荡",容易让人联想起反腐,那些贪得昏天黑地的官员,无休止纵欲敛财的人,一旦风声变紧,就开始紧张了,心里有鬼了,就不能坦坦荡荡地做人了。整天就想着怎么洗钱,怎么遮掩过去,难以做到胸襟坦荡,光风霁月。所以,坦荡荡是君子坐得端行得正后的一种境界。

子曰:"君子和而不同,小人同而不和。"

——《论语·子路》

第六讲 "文质彬彬,然后君子":今天还需要提倡做君子吗?

【译文】

孔子说:"君子用自己的正确意见来纠正别人的错误意见,使一切都做到恰到好处,却不肯盲从附和。小人只是盲从附和,却不肯表示自己的不同意见。"

【解读】

"和"与"同"是中国古代哲学两个重要的范畴。在中国文化中"和"的观念非常重要,我们今天讲和谐社会,这个"和谐"的概念其实就来自于古老的中国哲学。和,即"以他平他",指不同事物或不同因素的结合,是差异性的统一。中国人对于"和"的经验性的理解来自于两个方面,一个是做饭做汤,一个是音乐。比如做羹汤一定要有各种原料,有盐、有油、有醋、有花椒、有大料,各种原料放进去以后达到的一种新的状态,就是好味的状态。如果做肉汤,你光放盐,就只有咸味;光放花椒就麻了;光放辣椒就辣了,要各种原料起作用达到一种新的平衡,经过化合,经过互相之间的消长达到一种新事物产生,就是好味道。这就是和谐来自做饭的经历。第二,来自音乐。一个乐队演奏好了,一定有高音,有低音,有乐音,有噪音,高下、长短、缓急各种不同声调相互配合才能使乐曲和谐。"同"指完全等同的事物或等同因素的重合。就像一场音乐会,全是小提琴或十几架钢琴演奏,那肯定演奏不出一场好的音乐会。

"和"是相对的一致,"同"是绝对的一致。古人认为,只有相异相别才能产生和谐,完全相同只会产生单调。诸子百家里面,墨家墨子讲"尚同",墨家来自底层手工业者,他们追求的是"同",而孔子则不尚同,他讲礼,礼追求的是"和"。

"和"的观念可以理解运用在很多地方,比如上课教学,对于一个问题,大家各有各的看法,各有各的观点,能和谐地去交流互相切磋碰撞,这就是"和"。"同"呢?问一个问题,你也这么说,我也这么说,大家都这么说,那这堂课就是死的,就没有思维的冲突。

把这个"和"与"同"放在人身上,君子是和而不同。君子强调要"不同"，即保持个体的特殊性和独立性才会有社会人际的和谐，班里的同学，大家各显其能，各展其长，和谐相处，这就是一个好的班级。小人则更注重相同，胜于追求一种和谐的境界。小人眼界比较低，只能顾得了自己，看不了全局大的社会和谐。一个文明的社会应该允许不同的声音、文化形态和探索存在。文明的人也应该允许别人和自己的观念不一样而存在，现在网络上不好的风气就是任何话题之下都能看见有争吵，甚至是互相辱骂，这就等于把自己等同于"小人"了。

"和而不同"是中国传统文化的一个亮点，它体现了中华文化的包容与互信，既不唯我独尊，又不非此即彼，而是在共存共进中相益相济、美美与共。在文明的冲突日渐凸显的当今世界，人类尤其需要和而不同的文化观。

子曰："君子喻[1]于义，小人喻于利。"

——《论语·里仁》

【注释】

1. 喻：明白、懂得。

【译文】

孔子说："君子懂得的是义，小人懂得的是利。"

【解读】

这句中的君子、小人可以以德行区分，也可以以地位区分。如果是前者，当然不要理解成君子都是高尚的，君子从不谈钱说利，谈钱的都是小人。这句的关键是君子和小人的价值取向不同，道德高尚者可以晓之以大义，而品质低劣者只能动之以利害。君子义以为上，小人利以是从。君子于事必辨其是非，小人于事只计其利害。如果从地位区分，君子居上位，凡事应出以公心，应该整天去搞明白什么叫义；小人居下，管好自己就行，整天求得自己那点利益就满足了，这是当时社会分工的问题，就没有太多褒贬含义了。当然，这两种解释可以统一起来，位高权重者更应该在大是大非面前能知晓大义。

第六讲 "文质彬彬，然后君子"：今天还需要提倡做君子吗？

子曰："君子周¹而不比²，小人比而不周。"

——《论语·为政》

【注释】

1. 周：遍也，团结。
2. 比：密也，勾结。

【译文】

孔子说："君子是团结，而不是勾结；小人是勾结，而不是团结。"

子曰："君子矜而不争，群而不党。"

——《论语·卫灵公》

【译文】

孔子说："君子矜持，但不好争执，合群，但不结党。"

【解读】

这两句其实说的是君子和小人交朋友的问题。君子"敬而无失，与人恭而有礼"，所以他"周"，也就是普遍，一视同仁，普遍团结的意思，故君子能够"四海之内皆兄弟"。君子不"比"，比是私相亲密，多狎昵阿党，而君子是"群而不党"，光明正大，忠信待人。"周"和"群"，强调的还是君子相交看重的是道义，"比"和"党"，说明小人在一起是为了营私。

子曰："君子易事而难说也。说之不以道，不说也；及其使人也，器之。小人难事而易说也。说之虽不以道，说也；及其使人也，求备焉。"

——《论语·子路》

【译文】

孔子说："在君子手下做事情很容易，但要取得他的欢心却很难。不用正当的方式去讨他的欢喜，他是不会喜欢的；等到他使用人的时候，能按各人的才德去分配任务。在小人手下做事很难，但要想讨好他却很容易。用不正当的方式去讨好他，他也会很高兴；但在用人的时候，却是要百般挑剔、求全责备的。"

【解读】

这一则说的是与君子和小人共事的区别。君子是"易事而难说"，容易共事却难讨其欢心；小人是"难事而易说"，易讨其欢心而难以共事。君子讲求原则，用无理取闹的方式来取悦于人，比如谄媚，行贿啊，他是不接受的。但一旦谈论公事的时候，他会像用器皿一样，取其所长，量才而用，再加上君子行忠恕之道，是很好相处的。小人喜怒无常，常见利忘义，容易讨他喜欢，但在他手下做事困难，等分配任务的时候，对你求全责备。孔子记载当时的生活经验，放在今天仔细品味依然觉得这种感悟很精妙。

孔子曰："君子有三畏：畏天命，畏大人[1]，畏圣人之言。小人不知天命而不畏也，狎[2]大人，侮圣人之言。"

——《论语·季氏》

【注释】

1. 大人：指位居高官的人。
2. 狎：轻慢。

【译文】

孔子说："君子有三种敬畏：敬畏天命，敬畏王公大人，敬畏圣人的言论。小人不知道天命不可违抗，所以不敬畏它，轻视王公大人，侮慢圣人的言论。"

【解读】

本则比较的是君子和小人在对待人世间是否有什么值得人们敬畏的东西的态度上的不同。君子是有所怕，小人是无所怕。

天命是天道，可以理解为惩恶扬善的社会秩序，冥冥之间不可控的自然现象，人遭遇的吉凶祸福等等人难以自主把控之事。人可以像荀子说的"制天命而用之"，但也应该对天命保持敬畏之心。天命，尤其是打雷下雨旱涝地震这些自然力量，对于依赖于农耕的中国先民来说是常让人变色的。"天"在中国文化中同时具有道德色彩，违背天命是要受惩罚的。"大人"，就是在高位者，可以是圣人，统治者，年长者。理想中的大人是位高德尊者，圣人是德合天地，帝王是天威难测，统治者也是高瞻远瞩，对这些深远不易知的人，我们要保持敬畏，这也是中国人敬老、敬有经验的长者的传统。圣人之言，就是典籍文章，是圣人思想的遗存。君子之畏不是懦弱，是对超越自身有限性的人与事的尊崇。小人则不知天高地厚，不明事理，轻薄大人，侮辱圣贤之言，缺乏庄重之心。"君子三畏"对后世影响深远，李泽厚先生认为"儒学伦理之所以总具有某种形上的深沉宗教意味，即来自此'畏'"。

"君子三畏"有很强的现实意义，当今虽然很少现实中称呼谁"大人"和"圣人"，但我们有经典、有英雄、有伟人，戏谑经典，诋毁英雄在今天时有发生。对自然，对民族经典，对历史英雄表达虔敬的心态是今人应持有的价值观。

▍问题与讨论

1. 北大老校长许智宏说："北大学生可以做国家主席，可以做科学家，也可以卖猪肉。"朱清时院士提醒："一个国家、一个社会需要多种多样的人才，既要有一流的科学家、教授、政治家等，更要有高素质的工人、厨师、飞机驾驶员等高技能人才。"当代社会越来越多的"学霸"做起了技术类工作，你如何看待"君子不器"的观点在当下社会的价值？

2. 汉语中，关于"君子"的成语或俗语有很多，很多都可以用《论语》中的相关章句以参读，说说你对下面的成语或俗语有了怎样更新的认识。

志诚君子

博物君子

君子爱财，取之有道

君子一言，驷马难追

君子之交淡如水，小人之交甘若醴

3. 马路上老人摔倒了，你应不应该去扶？类似的"难题"，孔子弟子也遇到过：

宰我问曰："仁者，虽告知曰'井有仁焉[1]'，其从之也[2]？"子曰："何为其然也？君子可逝也，不可陷也[3]；可欺也，不可罔也[4]。"

——《论语·雍也》

【注释】

1. 井有仁焉：井里面掉下去了一位仁者。
2. 其从之也：（倘若听说有一个仁者在井中，）会跟着下去（救他）吗？
3. 可逝也，不可陷也：逝，往，走去看；陷，被陷害，骗入井中。
4. 可欺也，不可罔也：欺，欺骗；罔，迷惑。

孔子是如何回答这类问题的？你觉得如果孔子遇到老人摔倒，他会怎么办？

【参考答案】孔子认为，一个君子可以到井边去设法救人，但不可以自己也陷入井中，可以被欺骗，但不可以被愚弄。"欺"和"罔"在当时语境中是有区别的。"欺"是编织一个合理的理由去骗，而"罔"，甚至连个像样的理由都没有就去行骗。君子可欺不可罔，你可以骗他，但你骗他的理由、谣言不能太荒唐。也就是说君子有必要的警惕。如果是孔子看到一个倒在地上的老人，他会怎么办？他会毫不迟疑上去救人吗？见义不为是不对的，这事孔子要管；可是，仁者是不应该受到伤害的，这也是必须的。可以想见，孔子不会立马去救人，他要在保护自己的前提下去帮助地上的老人，要么打电话报警，要么找到证人再去救人。

4. 子欲居九夷。或曰："陋，如之何？"子曰："君子居之，何陋之有？"（《论语·子罕》）

为什么落后的九夷之地君子居之，就不再简陋了呢？结合《论语》的相关章句，谈谈你的认识。

5. 国家很多行业特别重视从业者的道德素质考核。国家广电总局曾正式下发"封杀劣迹艺人"的通知，教育部门对老师也有"师德考核一票否决制"。有人说这是"以人废言（才）"，谈谈你的看法。

6. 君子与小人有周比、和同、义利等对举之别，结合你读过的文学作品，说说谁能称得上是君子。

第七讲

"修己以安人"：今天我们该如何修身？

君子人格是儒家社会的理想人格，那么如何成为一个真君子？简明的答案是"修身"。"修身"似乎是一个很古老的道德命题，提起这个词大家可能想到的就是白发老者或羸弱书生心平气和、与世无争的儒者斯文风范，似乎修身在快节奏的今天已经不大适用了。其实，修身是出自人类向善之心与追求道德理想的本性的需要，是人之所以为人之根本。更者，在古人看来，修身不仅是道德修养，更是通往成贤达圣，致君尧舜之路的基石。

【说文解字】

修	修	㇒	丯	覓	身
小篆	楷体	甲骨文	金文	小篆	楷体

修，形声。修，饰也。"彡"有装饰义。本义：修饰，装饰。
身，象形。象人之形。本义：身躯的总称。

【问题导引】

"修身"这个词今人说得不多了，但"修养"，尤其是道德修养时常被人们讨论。结合你对周围和现实的观察，你觉得有哪些修养是今人必备或需要提高的呢？孔子所看重的主要是哪些方面的修养呢？

一、诚信

子曰:"人而无信,不知其可也。大车无輗,小车无軏[1],其何以行之哉?"

——《论语·为政》

【注释】

1. 輗(ní);軏(yuè):古代用牛力的车叫大车,用马力的车叫小车。两者都要把牲口套在车辕上。车辕前面有一道横木,就是驾牲口的地方。那横木,大车上的叫作鬲,小车上的叫作衡。鬲、衡两头都有关键(插销),輗就是鬲的关键,軏就是衡的关键。

【译文】

孔子说:"作为一个人,却不讲信誉,不知那怎么可以。譬如大车子没有安横木的輗,小车子没有安横木的軏,如何能走呢?"

【解读】

这一句打了个比喻来强调"信"对人是多么重要。如果说事君的原则是"忠",事亲的原则是"孝",那么对待朋友的原则就是"信"。人要是没点信用,我们就对这个人没办法了。就像"大车无輗,小车无軏",朱熹解释"輗"就是辕端横木,"軏"是辕端上曲,钩衡以驾马者。简单地说輗和軏就是联结马和车的工具。要是没有这两样东西,车就拉不动了。所以说,做人要有一个基本的底线,就是要讲信用。

二、自省

【问题导引】

什么是自省?自省该怎么做呢?自省有什么作用呢?

子曰:"见贤思齐焉;见不贤而内自省也。"

——《论语·里仁》

【译文】

孔子说:"看见贤人,便应该想向他看齐;看见不贤的人,便应该自己反省(,有没有同他类似的毛病)。"

曾子曰:"吾日三省吾身:为人谋而不忠乎?与朋友交而不信乎?传不习乎?"

——《论语·学而》

【译文】

曾子说:"我每天多次自己反省:替别人办事是否尽心竭力了呢?同朋友往来是否诚实呢?老师传授我的学业是否复习了呢?"

司马牛问君子。子曰:"君子不忧不惧。"曰:"不忧不惧,斯谓之君子已乎?"子曰:"内省不疚,夫何忧何惧?"

——《论语·颜渊》

【译文】

司马牛问怎样去做一个君子。孔子道:"君子不忧愁,不恐惧。"司马牛道:"不忧愁,不恐惧,这样就可以叫作君子了吗?"孔子道:"自己问心无愧,那有什么可以忧愁和恐惧的呢?"

【解读】

"省"的本意是视、察的意思。自省是自我反省和自我省察的意思。儒家认为一个君子必须善于自省。"君子求诸己,小人求诸人",君子都是要求自己的,所以见到不贤之人也要拿他反观自照。司马牛曾经问孔子如何做一个君子,孔子没有正面回答,而是说君子是无所忧愁和畏惧的。司马牛不解,孔子进一步说,君子无忧无惧,是因为君子"内省不疚",当他反躬自省的时候,他的言行是无愧于良心和德行的,是问心无愧的。所以人要时常问问自己，有没有做什么自己觉得问心有愧的事情，或者自己有没有什么地方做得不好，需要改正，这也就是曾子说的"吾日三省乎吾身"。曾子认为，内省的主要内容是"忠""信""习"。当然，儒家看来自省的内容应该是十分丰富的，包括仁义礼智信忠恕善学等等方面。当你发现自己各方面都做得很好的时候，你就会很快乐，如孟子所说"反身而诚，乐莫大焉"。如果做得不好，或者有过失，就应该及时改过。

美国著名人类学家本尼迪克特将世界文化划分为西方文化所代表的"罪感文化"与东方文化所代表的"耻感文化"。罪感文化来自于基督教思想，认为人是有原罪的，这形成了西方的忏悔传统，犯了错或者日常要向上帝去忏悔以摆脱内心煎熬，求得解脱。"耻"在《论语》等先秦典籍中很常见，它源自于个人道德上的不完善，羞耻心是人反省向善的原动力，让人们正视并勇于改正自己的问题，无论是修身，还是为政，内省都应是第一步。

今天我们常说的另一个与内省相似的词是"反思"或者"反省"。古人说的内省更是一种文化习惯或"吾日三省"的文化自觉，日常在内心深处，让灵魂做主、让良知做主批评自己，而非到了专门总结阶段的集中思考。明清时期有一种东西叫"功过格"，当时很多读书人每天自省给自己打分，将每天行为对照相关项目，给善行打正分，恶行打负分，月底作一小计，每月装订成一本，每月如此进行，年底再将功过加以总计，用来督促自己修身。

子贡方人。子曰："赐也贤乎哉？夫我则不暇。"

——《论语·宪问》

【译文】

子贡评论别人的长短。孔子说："子贡你就真的贤能了吗？我却没有这闲工夫。"

【解读】

这一则是孔子批评子贡的话。"方人"理解有歧义，或理解为"谤"，指公开说别人坏话；或理解为"比"，指和别人比较高下；还有人认为子贡为人笃实,孔子一再赞美,不存在讥谤或评品人物的行为,所以将其理解为"正",指纠正他人过失。不管怎样,是看到了别人的问题。但孔子则对此不屑,因为孔子认为更应该担忧自身修养,去省察自身的是非善恶还来不及,是无暇到处评论别人的。

三、改过

子贡曰:"君子之过也,如日月之食焉:过也,人皆见之;更也,人皆仰之。"

——《论语·子张》

【译文】

子贡说:"君子的过失好比日食月食:错误的时候,每个人都看得见;更改的时候,每个人都仰望着。"

子夏曰:"小人之过也必文。"

——《论语·子张》

【译文】

子夏说:"小人对于错误一定加以掩饰。"

子曰:"法语之言[1],能无从乎?改之为贵。巽[2]与之言,能无说乎?绎[3]之为贵。说而不绎,从而不改,吾末如之何也已矣!"

——《论语·子罕》

【注释】

1. 法语之言:法:严肃、严正;语(yù):告诉。
2. 巽:恭敬。
3. 绎:寻绎、分析。

【译文】

孔子说:"严肃而合乎原则的话,能够不接受吗?改正错误才可贵。顺从己意的话,能够不高兴吗?分析一下才可贵。盲目高兴,不加分析;表面接受,实际不改,这种人我是没有办法对付他的了。"

【解读】

人非圣贤孰能无过,圣贤亦有过,圣贤善改过而已矣。子贡说,君子有过错,如日月之食,他犯了过错,大家都会看到,但只要改掉,人们还会敬仰他的,就像光明被遮蔽只是暂时的,黑暗过去,大家还是仰视其明。如《红楼梦》第一回的诗:"天上一轮才捧出,人间万姓仰头看。"统治者的一言一行,民众是都看在眼里的,所以做一个君子要"过则勿惮改"。相反,子夏说"小人之过也必文"。小人犯了错,肯定会文过饰非,不肯承认自己的错误。"法语之言"这一则有一半是在讲"改过"的可贵。面对别人的忠道善告、正言规劝不仅要能听从,并且还要能改正自身缺点。

四、远怨

【问题导引】

严于律己,宽以待人,你做到了吗?对待别人的怨恨,我们又该怎么处理呢?

子曰:"放[1]于利而行,多怨。"

——《论语·里仁》

【注释】

1. 放(fǎng):依据。

【译文】

孔子说:"依据利益而行,会招致很多怨恨。"

子曰:"躬自厚² 而薄责于人,则远怨矣。"

——《论语·卫灵公》

【注释】

2. 躬自厚:本当作"躬自厚责","责"字探下文"薄责"之"责"而省略。"躬自",亲自。

【译文】

孔子说:"多责备自己,而少责备别人,怨恨自然不会来了。"

或曰:"以德报怨,何如?"子曰:"何以报德?以直报怨,以德报德。"

——《论语·宪问》

【译文】

有人对孔子道:"拿恩惠来回答怨恨,怎么样?"孔子道:"拿什么来酬答恩惠呢?拿公平正直来回答怨恨,拿恩惠来酬答恩惠。"

子曰:"贫而无怨难;富而无骄易。"

——《论语·宪问》

【译文】

孔子说:"贫穷却没有怨恨,很难;富贵却不骄傲,倒容易做到。"

【解读】

现代社会人与人之间的怨气、戾气似乎越来越重,让自己远离怨愤是修身的重要方式。人与人相处,若不能守道持平,难免造成误会,滋生怨尤,那怎样才能远离怨尤呢?孔子认为首先是不要"放于利而行",一个人纵心于利,唯利是图,心思全部为了私利,难免会招来怨恨。其次是"躬自厚而薄责于人",对自己要求严格,很少去责怪别人。董仲舒说:"自责以备谓之明,责人以备谓之惑。"对自己求全责备是聪明的,对别人求全责备就会造成疑惑。韩愈说过:"古之君子,其责己也重以周,其待人也轻以约。重以周,故不怠；轻以约，故人乐为善。"这样才能尽量多地避免怨恨。这是一种君子为人之道。人有怨于我，我有了怨恨，这该怎么办？是像曾子的某位朋友那样"犯而不校"（《论语·泰伯》）吗？孔子不装圣人，不让人做难以做到的回应，老子讲"报怨以德"，佛家讲"舍身饲虎"，《圣经》耶稣基督讲"右脸被打，送上左脸"。儒家不做这些超乎人情不合情理的事，既不滥施感情，也不否认人情，学法家讲睚眦必报，一切以利害为准则。所以"以直报怨""以德报德"是孔门重要的思想。

人们对"以直报怨"的理解存在歧义。一种理解是"直"理解为人之常理常情，没有见不得人的阴谋，说白了就是该怎么办就怎么办。怨气积累在心中，如果能排遣出去，渐渐忘记了，这是一种"直道"；如果对怨愤念念不忘，藏匿而不得，非以怨报怨不可，这也未尝不是一种"直道"，但相报的怨也需要对等，不能扩大化，否则就不合正直原则了。《礼记》里有句话："以德报德，则民有所劝；以怨报怨，则民有所惩。"以德报德，传递善行，百姓会得到鼓励，以怨报怨，知道有怨必偿，百姓也会得到警戒。

还有一种理解认为孔子思想的伟大在于不会宣传冤冤相报，哪怕是对等复仇。君子报怨，必由正途，首师大刘剑博士说："孔子强调应当克制肆意妄为之私欲，正身直行，寻求惩治罪恶、消弭怨恨之方法，通过正当途径待其时而报之，以回护恩德。"比如说走法律途径，合理合法惩治施害者，这是"直"。

我们今天提倡"以直报怨"的思想最终目的是让人在日常生活中通过合理方式消除怨恨，远离怨恨，而非制造新的怨恨。

樊迟从游于舞雩之下，曰："敢问崇德、修慝[1]、辨惑[2]。"子曰："善哉问！先事后得，非崇德与？攻其恶[3]，无攻人之恶，非修慝与？一朝之忿，忘其身，以及其亲，非惑与？"

——《论语·颜渊》

【注释】

1. 修慝（tè）：慝，隐匿于心的邪恶。修慝，消除隐藏的怨恨。

2. 辨惑：辨别糊涂事。

3. 攻其恶：其，自己。专攻自己的过失。

【译文】

樊迟陪侍孔子在舞雩台下游逛，说道："请问怎样提高自己的品德？怎样消除别人对自己不露面的怨恨？怎样辨别出哪种是糊涂事？"孔子道："问得好！首先付出劳动，然后收获，不是提高品德了吗？批判自己的坏处，不去批判别人的坏处，不就消除无形的怨恨了吗？因为偶然的愤怒，便忘记自己，甚至也忘记了爹娘，不是糊涂吗？"

【解读】

这段文字又是善问的樊迟问孔子的三个问题。崇德，是要提高品德，那就要做到仁者般的"先事后得""先难后获"；修慝，是远离怨恨，那就要靠修身内省，因为怨自内生，藏匿于心，不要去批评别人，而要自我批评。辨惑，则是克制易怒激愤的情绪，不要因一时的怒气而酿成大祸。孔子对"辨惑"的回答很有启发意义，我们常说小不忍则乱大谋，冲动是魔鬼，因为耐不住一时的气愤，失去了理智，忘记了自己的安危，以致累及双亲，这是糊涂的，是很可怕的。孟子也说过"好勇斗狠，以危其父母"。"知者不惑"，智慧的人不会因一时糊涂祸及亲人。孔子这句话最后强调的还是要远怨制怒，少年时期，血气方刚，戒之在斗。如果以怨报怨，爱打击报复，或者为了利益情感一些问题上的不平而残害他人，都属于"一朝之忿"。现代文明的社会，要尽量减少这样的意气之争。反之，就像苏轼评价韩信，能够"无故加之而不怒"，这是一种能成大事者的修为。

五、正直

子曰："人之生也直，罔之生也幸而免。"

——《论语·雍也》

【译文】

孔子说:"人凭着正直生存在世上,不正直的人也能生存,那是靠侥幸避免了祸害。"

【解读】

这句话很短,但很深刻。人生在世,路能走下去靠的是正道直行,如果不能正道直行,而是邪曲诬罔,偷奸耍滑地活着,那你如果能活到最后,只是侥幸而已。在现实中"幸而免"的人和企业太多了。经常看到网上爆料某某名人人设崩塌,网友都明白还有很多的人没找到实证,没被曝光出来而已,那些私德有亏或违背公序良俗,甚至违法犯罪的人如果还能够继续红下去,那就是"罔之生也幸而免"。大企业品牌形象坍塌的也不在少数,坑害消费者的如果没有被揭露,那也是幸而免。说到底,想要光明磊落,踏踏实实地睡个好觉,而不抱侥幸心理就要具备正直诚实的美德。

子张学干禄[1],子曰:"多闻阙疑[2],慎言其余,则寡尤;多见阙殆,慎行其余,则寡悔。言寡尤,行寡悔,禄在其中矣。"

——《论语·为政》

【注释】

1. 干禄:获得官职俸禄。干:求。
2. 阙疑:暂且保留疑难问题,不妄下判断。

【译文】

子张请教求得官职俸禄的方法。孔子说:"多听,把不明白的事情放到一边,谨慎地说出那些真正懂得的,就能少犯错误;多观察,不明白的就保留心中,谨慎地实行那些真正懂得的,就能减少事后懊悔。言语少犯错误,行动很少后悔,自然就有官职俸禄了。"

【解读】

樊迟问学稼穑,孔子斥之为小人。子张问如何求得禄位,孔子认真教导他。可见求仕干禄才是君子正事。孔子认为要多听多见,对不明白的、疑惑的地方要缺着,不能不懂装懂。见到危险的事情也要缺着,放着别做,不要逞能。即使你不疑惑的地方,你说出来的时候也要谨慎一些;即使你觉得可靠不危险的地方,你做出来的时候也要谨慎一些。这样无论说话做事都会少犯错误少招致后悔,这就是得禄之道。无论懂还是不懂,谨慎为上。有人说孔子教人,说千道万,其实用俩字就可以概括,"小心"而已。

林黛玉进贾府,就是"多闻阙疑,慎言其余""不肯轻易多说一句话,多行一步路,惟恐被人耻笑了他去"。这种态度今天看还是否要得,得辩证地去看。一方面,言多必失,新入职多看多听多学相对更重要。另一方面,这种过于谨慎也是让现代人有所诟病的地方。

六、明察

1. 明察秋毫

子曰:"众恶之,必察焉;众好之,必察焉。"

——《论语·卫灵公》

【译文】

孔子说:"大家厌恶他,一定要去考察;大家喜爱他,也一定要去考察。"

子张问明,子曰:"浸润之谮[1],肤受之愬[2],不行焉,可谓明也已矣。浸润之谮,肤受之愬,不行焉,可谓远也已矣[3]。"

——《论语·颜渊》

【注释】

1. 浸润:逐渐渗透;谮(zèn):诬陷、中伤。
2. 肤受:使肌肤受苦;愬(sù):控诉。

3. 远也已矣：具有远见卓识。

【译文】

子张问怎样才叫作见事明白。孔子道："点滴而来、日积月累的谗言，肌肤所受、急迫切身的诬告，都在你这里行不通，那你可以说是看得明白的了。点滴而来、日积月累的谗言，肌肤所受、急迫切身的诬告，都在你这里行不通，那你可以说是看得远的了。"

【解读】

这两句都在说修身要注意明察秋毫，不主观臆断。第一句是说在容易忽视不察的地方要明察。第二句是说在难察的地方能察。

什么地方易忽视不察？我们容易受主流的是非好恶判断影响，盲从大流，丧失了考察的意识。但孔子认为，一个人大家都喜欢他，或者大家都讨厌他，里面可能有问题，不可不察。这是一种很可贵的知识分子独立判断的精神，在今天的网络时代尤其稀缺。大家都去赞扬吹捧的，未必是对的有价值的；众人所厌恶的，未必是错误的。

什么地方难察？一个人诋毁别人就像水之润物一样，每天在你面前不动声色地说另一个人的负面信息，久而久之，你就信以为真了。或者另一种正相反，一个人猛然对你煞有介事，急迫地诬告别人，你也容易来不及详察而相信。这两则情形你如果能明察，就是一个不容易被蒙蔽，具有远见的人。

2. 察人之法

子曰："视其所以¹，观其所由²，察其所安³。人焉廋⁴哉？人焉廋哉？"

——《论语·为政》

【注释】

1. 所以：因何而为此事，指的是行为的动机和居心。
2. 所由：通过什么渠道、路径去做此事，指的是行为的趋向和心术。
3. 所安：安于什么，最后的归宿，指的是行为前后的心理寄托。
4. 廋（sōu）：隐藏、藏匿。

【译文】

孔子说:"考察一个人行为的动机;观察他为达到一定目的所采用的方式方法;了解他的心情,安于什么,不安于什么。那么,这个人怎样隐藏得住呢?这个人怎样隐藏得住呢?"

【解读】

这章说的是孔子如何评价、观察学生的。"视其所以","以"有根据的意思,即你依靠着什么。这个"以"字是个出发点。看人,需要看他办事的出发点。比如有几个人去一个单位应聘,人力资源主管就需要问问他们为什么选择我们公司了。是看重高薪水,还是看重这份工作是自身的专业所在,还是看重公司的经营理念,或者反正找个工作呗,没想太多。那么,这几个人到你这儿来的出发点不同,将来的表现也不同。这叫"视其所以"。"观其所由"。"由",就是路途。所以路途就是他做事的途径,实际上就是做事的方法,做事的手段。大家都想挣钱,有人靠苦干,有人靠投机取巧,有人靠爹妈。所以看一个人达到目标的手段,得仔细观察。"察其所安",安,安于什么?安就有目标的意思,就是最终的目标。比如,一个人下了班,八小时工作他好好干,八小时以外他干吗去?有人上图书馆,有人上电影院,有人上赌场。一个人有了钱以后,达到目的以后,他又能干吗呢?这就是看人。孔子列了三项看人的方式,看他干什么事情,出发点;看他干一件事情想达到目的采用什么样的手段;另外看看他达到目的以后又如何。如果这样去观人,人焉廋哉?还有什么看不透的呢?

子曰:"人之过也,各于其党¹。观过,斯知仁矣。"

——《论语·里仁》

【注释】

1. 党:乡党、亲族,这里指同类人。

【译文】

孔子说:"什么样的人犯什么样的错误。考察某人的过错,就可以知道他是否具有仁德了。"

【解读】

　　这则讲的是孔子从反面看问题的察错识人法，通过他人犯的过错的特点来看他是否具有仁德，是否是一个君子。或者可以把"仁"理解为"人"，即"考察他所犯的错误，就可以知道他是什么样的人。"比如项羽，司马迁在《项羽本纪》中对他失败原因的分析包括"背关怀楚，放逐义帝而自立""自矜功伐，奋其私智，而不师古""欲以力征经营天下"，作为一个领袖，项羽缺乏政治谋略，没有战略眼光，只崇尚个人英雄主义，企图通过个人武功号令天下，他的失败是必然。考察他的错误，一方面我们感慨他至死不悟的糊涂，把他视作一介莽夫；另一方面古往今来同情、喜爱项羽者不乏其人，他们从他的政治、军事错误中看到的是尚武率真、光明磊落的英雄贵族气概。与项羽不同，历史上的君王或豪杰，有的是以狭隘贪利覆灭，有的是以纵情享乐取亡，历史对他们不同类型的错误也各有评断。我们日常生活中，谁也避免不了犯错，有的错是好心办坏事，有的错是主观恶意；有的人的错是错在过于宽厚仁慈，有的人的错是错在过分刻薄歹毒。善恶高下，孰为君子孰为小人，可由此分别。我们今天也可以考察自己在学习生活中容易犯下的问题或过错，来观过知仁。

3. 察德之弊

　　子曰："道听而涂说，德之弃也。"

　　　　　　　　　　　　　　　　　　——《论语·阳货》

【译文】

　　孔子说："在路上听到传言就四处传播，这是应该革除的作风。"

　　子曰："乡原，德之贼也。"

　　　　　　　　　　　　　　　　　　——《论语·阳货》

【译文】

孔子说:"没有真是非的好好先生,是道德的败坏者。"

子曰:"孰谓微生高[1]直?或乞醯[2]焉,乞诸其邻而与之。"

——《论语·公冶长》

【注释】

1. 微生高:姓微生,名高,鲁国人,以直爽著称。
2. 醯(xī):醋。

【译文】

孔子说:"谁说微生高这个人直爽?有人向他求点醋,他却向自己邻居那里讨点来给人家。"

【解读】

道听途说,顾名思义,就是在道路上听到,在道路上就说出去。指的是一种不经明察审辩的消息传播过程。消息可以是听来的,也可以是随便什么书本上看来的,反正是某种传闻,得来也容易,传出去也容易,这种入于耳,出于口,不加审辩不慎言的行为与德行无关。"道听"已经是或缺乏独立判断力的表现,"途说"则是更不负责任,是孔子讨厌的不讷于言,尤其是在人心惶惶的灾难面前,造谣、传谣的危害是巨大的。故君子修身必须强调明察而慎言。今天的道听途说往往发生在网络,媒介素养在人人都有"麦克风",人人都是自媒体的今天显得格外可贵,流量意味着金钱,热度意味着财富。人们追逐博人眼球的"财富密码",经常罔顾真相。面对网络谣言或不实信息,如何理性审慎判断是今天所有人的必修课。

后两则说的是孔子批判的容易被人们当成好人的两类人,如果不明察,会被他们的谄媚或伪善所蒙蔽。乡原,即乡人之愿,乡里多数人认为是忠厚之人,好好先生。但孔子明确点明了他们是道德的破坏者。孟子对"乡愿"有一个界定,"非之无举也,刺之无刺也;同乎流俗,合乎污世;居之似忠信，行之似廉洁"。(《孟子·尽心下》)要非难他，却又举不出什么大错误来；要讥刺他，却也没什么可讥刺，他只是向世间通行的恶俗看齐，和这个污秽的世界合流，居家好像忠诚老实，行动好像清正廉洁。看起来好像是践行中庸之道，却是不分青红皂白、是非善恶，外表忠诚却是欺世盗名的人。

微生高很多人说他正直、直爽，但孔子认为这种人不正直，他举了一个例子。有人向他找点醋，他没有醋，便从邻居家借了点醋给了人家。有人说这不是急人所难，挺好的行为吗？但日常生活中，正常情况是你没有醋，就会建议他去别人家借。如果还刻意去别人家转借一下再给他，甚至先和借醋者说了"我有醋"，然后再去借别人的。孔子会认为这是过于直，直过了头。有就是有，没有就是没有，这才是"直"。朱熹说这种人是"掠美市恩"，拿别人的好处，去博得赞誉，甚至谄媚讨好，这是一种作秀。孔子见微知著，从一件小事中察出人格特质。

七、修身归宿

【问题导引】

孔子认为修养自己有什么意义呢？同学们觉得修身养性有什么价值呢？

子路问君子。子曰："修己以敬。"

曰："如斯而已乎？"曰："修己以安人[1]。"

曰："如斯而已乎？"曰："修己以安百姓[2]。修己以安百姓，尧舜其犹病诸[3]？"

——《论语·宪问》

【注释】

1. 人：古代的"人"有广义狭义之分。广义的"人"指一切人群，狭义的"人"只指士大夫以上各阶层的人，和"民"相对，这里是狭义。

2. 百姓：这里的百姓等于广义上的"人"，这里"修己以安百姓"如同孔子所说的"博施于民"。

3. 尧舜其犹病诸：尧舜大概还没有完全做到吧？

【译文】

子路问怎样才能算是一个君子。孔子道："修养自己来严肃认真地对待工作。"

子路道："这样就够了吗？"孔子道："修养自己来使上层人物安乐。"

子路道："这样就够了吗？"孔子道："修养自己来使所有老百姓安乐。修养自己来使所有老百姓安乐，尧舜大概还没有完全做到呢！"

【解读】

《大学》开篇提出了大学之道的"三纲八目"，其中八目"格物、致知、诚意、正心、修身、齐家、治国、平天下"，成为古代知识分子修身治国的人生进阶之路，在这条路径中，"修身"处于中心位置，"自天子以至于庶人，壹是皆以修身为本"。格物、致知、诚意、正心属于修身的步骤；齐家、治国、平天下属于修身的价值目标。"修身"是整个道德修养体系的价值目标和根本目的，并且是治国平天下的逻辑出发点。

"子路问君子"这段话很重要，涉及孔子对理想君子的三层境界的解释。前面讲过《论语·雍也》中"己欲立而立人，己欲达而达人"（见第四讲）是"仁"的境界，还有"博施于民而能济众"是更高一级的"圣"的境界。这一则讲了君子的三重境界。子路问孔子怎样才算一个君子，孔子先说"修己以敬"，这是第一层，把自我修养好，内心恭恭敬敬，保持一种恭敬的态度。子路说，就这么简单就可以了吗？孔子继续说，"修己以安人"，把自己修养搞好，用来安定周围的人，这就有了"己欲立而立人，己欲达而达人"的意味了，这个君子追求的不仅仅是独善其身，不仅是自己品德的完善，还追求安定周围的人，这里的"人"主要指的是社会上层士大夫阶层之人。子路又问，到此为止了吗？孔子给出了君子的第三重境界，"修己以安百姓"，并且说，这件事情是连尧舜那样的上古贤君都头疼的事呢，这也就相当于"博施于民而能济众"。让天下百姓安乐，谈何容易，这是一种圣的境界。

那么从整体来看，如何成为君子？君子有三重境界，首先是从完善自我修养入手，这就是"修身"；其次是"安人"，可以类似于"齐家"；最后的"安百姓"，就相当于"治国平天下"。这也就是中国人所说的修身之道。修身从自我做起，但最终是为了治国平天下。这是几千年来中国知识分子的"内圣外王"之道。这在儒家经典《大学》里得到了更加具体的阐发。

问题与讨论

1. "学习""仁""君子""修身"是整部《论语》最重要的，也是密切相关的四个关键词。学完前几讲，你能用自己的语言说说这四者之间的关系吗？

2. 除了樊迟，子张也问过孔子如何崇德辨惑。孔子对子张的回答是："爱之欲其生，恶之欲其死。既欲其生又欲其死，是惑也！"（《论语·颜渊》）

可以结合现实，说说你如何理解孔子这一回答。

3. 下面两则《论语》都以"已矣乎！吾未见……"开头，这两则在当时都可以说对时人在修身问题上有所指，请分别说说你对这两则的理解。

子曰："已矣乎！吾未见能见其过而内自讼者也。"（《论语·公冶长》）

子曰："已矣乎！吾未见好德如好色者也。"（《论语·卫灵公》）

第八讲

"为政以德":孔子的哪些理念能启发当下的政治?

"半部《论语》治天下"的说法在中国流传度很广。《论语》如果有潜在目标读者的话,那一定首先是君王,是统治者,是今天所说的"一把手"。《论语》中收录了很多时人向孔子问政的章句,记载了孔子对为政之道的看法。孔子主张以德治国,重视为政者忠敬不倦、以身作则、任贤使能的为政品格,提倡各尽其责、以信立国、先富后教、藏富于民的治国理念,这些都对当今的为政者有所启发。当然,《论语》中也有一些政治理念与现代观念有冲突,需要我们辩证来看待。

【说文解字】

政 政 政
金文 小篆 楷体

会意兼形声,从攴从正,正亦声。攴(pū):敲击。统治者靠皮鞭来推行其政治。"正"是光明正大。本义:匡正。

【问题导引】

好人治国和能人治国哪一个更有效?我们应该更注重为政者的"德"还是"才"?

第八讲 "为政以德"：孔子的哪些理念能启发当下的政治？

一、为政以德

子曰："为政以德，譬如北辰¹居其所而众星共²之。"

——《论语·为政》

【注释】

1. 北辰：北极星。
2. 共：拱。

【译文】

孔子说："用道德来治理国政，当政者便会像北极星一般，在一定的位置上，别的星辰都环绕着它。"

【解读】

政治家，德和才哪个重要，或者说我们的政治应该是好人政治还是能人政治，历来争论不休。有人说能人政治，缺德但有本事就行，比如曹操，他在发布求贤令的时候就说"负污辱之名，见笑之行，或不仁不孝而有治国用兵之术，其各举所知，勿有所遗"。曹操是唯才是举，不管德行。但孔子更看重的不是才，而是德。孔子说，为政首先要讲德，"德"不仅是指道德问题。周德政治讲公平、讲制度，讲各得其所，这都属于政治的品质。你用有品质的行为品德去为政，就像北辰众星拱之。"辰"和"星"不一样，"辰"往往是多颗星，强调位置，多颗星的位置；"星"就是一颗星，"北辰"就是"北斗七星"，由七颗星组成的单位叫"辰"，"居其所"指在那里待着，众星拱卫着它。其实北斗星也在动，但用我们的肉眼看，北斗星是不动的，它总是指向北。这实际上讲的是，一个最高领导者，一个一把手，你必须有决断的政治品格，指明方向的能力。好的政治领袖能以自己的道德作领导，下属都能尊奉信仰，就像众星围绕北斗七星一样。

这段话还反映了中国古人治国的一个理念，就是有德的统治者应该怎样治国。"居其所而众星拱之"，像北斗七星那样不用动，无为而治。道家讲无为，儒家也讲无为。中国的象棋里有中国的文化，将帅只能在田字格里动，不能出方格，就能走几步，能出去那就麻烦了，国际象棋则没这个规矩。君主要少做，关键要用贤臣，君子不能事必躬亲，什么事都做，那还不累死？君主一个人的精力、智力不如众人的精力、智力多，所以要善用贤人。所以有个词语叫"垂拱而治"。指的是帝王垂衣拱手，毫不费力就把国家给治理了。就像象棋里将帅周围有"士"和"相"，下象棋下到最后，残局，但"单车难破士相全"。

但是"为政以德"这样的治国理念其实是很理想化的，统治者是政治家，政治家不是道德楷模，应该是有着专门治国经验和理念的人员。西方有柏拉图的哲学王，柏拉图认为最好的理想国，最高统治者应该是一个哲学王。相应的，中国的孔子，则认为最高的统治者应该是个道德王。孔子被后世称为"素王"，所谓"素王"就是具有帝王之德而未居帝王之位者，有德无位。其实，我们观察历史，真正的统治者中道德王式的人物几乎没有。民国时期有个人叫李宗吾写了本书，到现在一直都很热销，叫《厚黑学》，他说中国历史上成功的统治者要"脸厚心黑"，刘邦为什么胜？项羽为什么败？因为刘邦脸够厚，心够狠，而项羽，大家学过《鸿门宴》，项羽"妇人之仁"，所以他斗不过刘邦。

【问题导引】

坚持依法治国和以德治国相结合是中国特色社会主义法治道路的鲜明特点，二者同等重要，但是在儒家观念中德治是根本的，是优于法治的，你怎么看待二者的功能？

子曰："道^{1}之以政，齐之以刑，民免^{2}而无耻。道之以德，齐之以礼，有耻且格^3。"

——《论语·为政》

【注释】

1. 道：导，引导。

2. 免：免于罪过。

3. 格：归服向往。

【译文】

孔子说："用政法来引导他们，使用刑罚来整顿他们，人民只是暂时地免于罪过，却没有廉耻之心。如果用道德来引导他们，使用礼教来整顿他们，人民不但有廉耻之心，而且人心归服。"

【解读】

治理国家到底应该靠法律、刑罚还是靠道德、礼法，这也是一个值得不断争议的问题。在孔子代表的儒家文化者看来，治国应该主张德化和礼治。这一则就很明确地阐述了孔子的这一观点。用政法来引导人民，用刑罚来使人民整齐，民众会"免而无耻"。因为法也好，刑也好，不是从内心感化民众的，老百姓内心没有愧疚感，也就是不能从根本上杜绝不道德，甚至是罪恶的发生。法律并不能增强人为善的力量，只能消极地禁止人去作恶，以震慑、恐吓等国家暴力的形式使人们不敢为恶，所以最多只能使得"民免而无耻"。一旦这种威吓的力量不存在，人们将继续为恶。但是道德教化则不同，德和礼可以起到潜移默化的功效，这种通过教化去改变人心的方式是从心理上的根本改造，使人萌生良善之心，知道羞耻，能够非礼勿视非礼勿听非礼勿言非礼勿动，心中有戒律，并且"有耻且格"，格，有正，纠正的意思，引申为归附，归化。后代儒家的学者经常举的例子就是为什么秦朝二世而亡，汤、武能长治久安，就是因为汤、武大行其德，广施仁义，而秦朝用严刑峻法。

从这里可以看出传统中西政治的区别，西方管理社会靠宗教力量，靠法律契约；而中国社会的运行很大程度上靠国人内在的道德力量。今天讲依法治国，因为今天中国的社会形态与传统社会相比已经有了翻天覆地的变化，我们读《乡土中国》也明白了传统乡土的礼治秩序是建立在家族制度、熟人社会等基础之上，而近百年中国的现代化已经基本让这些要素瓦解了，所以完全以德治国，齐之以礼是不现实的。但这不意味着传统的德治是无意义的，中国人文化基因中讲德行的一面是挥之不去的,中国对一个人的评判很大程度上都是看其德行的,为政以德的传统思想仍能够参与到当下的文化建设中去。

  叶公问政。子曰:"近者说,远者来。"

——《论语·子路》

【译文】

  叶公问怎样治理国家。孔子说:"让近处的人快乐满意,使远处的人闻风归附。"

【解读】

  叶公是孔子周游列国到楚国的时候遇到的叶县的长官。叶公向孔子求教为政之道。叶县地狭人小,民有叛逆之心。孔子说境内的人使他高兴,境外的人使他来投奔。这一回答似乎是答非所问,其实孔子的意思是为政之道在于惠及人民,在于得民心,使得近处百姓受到恩泽而喜悦,远处百姓慕名而归附,这样民众依附于你,人口就会慢慢增加,国家才能越来越强大。类似的话孔子还说过"远人不服则修文德以来之,既来之,则安之"(《论语·季氏》),讲的就是以德服人的道理。

二、为政者的品格

【问题导引】

  俗语说"上梁不正下梁歪",这是在强调居上位者的品格会影响下层民众。你觉得一个优秀统治者需要哪些最基本的品格素养呢?

1. 君礼臣忠

  定公问:"君使臣,臣事君,如之何?"孔子对曰:"君使臣以礼,臣事君以忠。"

——《论语·八佾》

【译文】

鲁定公问:"君主使用臣子,臣子服事君主,各应该怎么样?"孔子答道:"君主应该依礼来使用臣子,臣子应该忠心地服事君主。"

【解读】

这一则讲的是君臣之礼。孔子认为君臣之礼是相互的。我们后来老是强调臣子对君主,下级对上级的忠心耿耿。汉代以后强调"君为臣纲",后世帝王对臣下、子民可以任意欺辱,臣下子民必须无条件服从,尤其是明清时期,知识分子大臣可以在大殿里受廷杖打屁股,这不符合孔子和原始儒学的主张。"臣事君以忠",这个"忠"不是愚忠,也不仅是忠心,更是努力尽人事的意思。所谓"食人之禄,忠人之事"。同样,上级对下级,君主对臣子呢?"君使臣以礼"。礼是社会规范。下级有下级的人格,下级有下级的身份。宋哲宗上台以后,当庭呵斥大臣苏辙。当时一个年纪轻轻君主,对一个老臣就像训斥小孩子似的,结果有很多大臣不干了。范镇站出来就说了,祖宗家法不是这样的。祖宗家法是要尊重大臣,他是大臣,年纪比你还大。宋朝不杀文臣,尊重文臣。

【问题导引】

什么是"忠"?臣对君,或下属对上级的忠具体是怎样的?

子曰:"事君,敬其事而后其食。"

——《论语·卫灵公》

【译文】

孔子说:"侍奉君主,应该认真做事,而把领取俸禄的事放在后面。"

子路问事君,子曰:"勿欺也,而犯[1]之。"

——《论语·宪问》

【注释】

1. 犯：抵触、冒犯。

【译文】

子路问怎样事奉君主。孔子说："不要欺骗他，但可以犯颜直谏。"

季氏将伐颛臾[2]，冉有、季路见于孔子，曰："季氏将有事于颛臾。"

孔子曰："求，无乃尔是过与[3]？夫颛臾，昔者先王以为东蒙主，且在邦域之中矣，是社稷之臣也。何以伐为？"

冉有曰："夫子欲之，吾二臣者皆不欲也。"

孔子曰："求，周任[4]有言曰：'陈力就列，不能者止。'危而不持，颠[5]而不扶，则将焉用彼相[6]矣？且尔言过矣，虎兕出于柙[7]，龟玉毁于椟中，是谁之过与？"

冉有曰："今夫颛臾，固而近于费[8]。今不取，后世必为子孙忧。"

孔子曰："求，君子疾夫舍曰欲之而必为之辞。丘也闻有国有家者，不患寡而患不均，不患贫而患不安。盖均无贫，和无寡，安无倾。夫如是，故远人不服，则修文德以来之。既来之，则安之。今由与求也，相夫子，远人不服，而不能来也；邦分崩离析，而不能守也；而谋动干戈于邦内。吾恐季孙之忧，不在颛臾，而在萧墙之内[9]也。"

——《论语·季氏》

【注释】

2. 颛臾：鲁国的附属国。

3. 无乃尔是过与：岂不是你的过失吗？无乃：岂不是；是：无意义。

4. 周任：上古的一位史官。

5. 颠：倾倒。

6. 相：扶助盲人的人。

7. 柙：关猛兽的笼子。

8. 费（bì）：季氏采邑，与颛臾相距仅70里。

9. 萧墙：君王用的屏风，这里指鲁国国君。当时季氏把握鲁国国政，和鲁君矛盾很大，他怕颛臾凭借地利帮助鲁君，于是要攻打颛臾以消除隐患。

【译文】

季氏准备攻打颛臾。冉有、子路两人谒见孔子，说道："季氏准备对颛臾使用兵力。"

孔子道："冉求，这难道不应该责备你吗？颛臾，上代的君王曾经授权他主持东蒙山的祭祀，而且它的国境早在我们最初被封时的疆土之中，这正是和鲁国共安危存亡的藩属，为什么要去攻打它呢？"

冉有道："季孙要这么干，我们两人本来都是不同意的。"

孔子道："冉求！周任有句话说：'能够贡献自己的力量，再任职；如果不行，就该辞职。'譬如瞎子遇到危险，不去扶持；将要摔倒了，不去搀扶，那又何必用助手呢？你的话是错了。老虎犀牛从笼子里逃了出来，龟壳美玉在匣子里毁坏了，这是谁的责任呢？"

冉有道："颛臾，城墙既然坚牢，而且离季孙的采邑费地很近。现今不把它占领，日子久了，一定会给子孙留下祸害。"

孔子道："冉求！君子就讨厌（那种态度,）不说自己贪心无厌，却一定另找借口。我听说过：无论是诸侯或者大夫，不必着急财富不多，只需着急财富不均；不必着急人民太少，只需着急境内不安。若是财富平均，便无所谓贫穷；境内和平团结，便不会觉得人少；境内平安，便不会倾危。做到这样，远方的人还不归服，便再修仁义礼乐的政教来招致他们。他们来了，就得使他们安心。如今仲由和冉求两人辅相季孙，远方之人不归服，却不能招致；国家支离破碎，却不能保全；反而想在国境以内使用兵力。我恐怕季孙的忧愁不在颛臾，却在鲁君哩。"

【解读】

孔子认为食君之禄，必然要忠君之事。仁者先难后获，忠者先事后食。事君者敬其事包括对分内之事知无不为，更包括对君主要敢于犯颜直谏，辅佐匡正他们的问题，不要用花言巧语哄骗他们。"而犯之"，有学者认为

"而"借为"能",意思是"不要欺骗他,但能触犯他"。孔子之所以这么回答子路,恐怕和子路、冉有等学生未能谏止季氏攻伐颛臾一事有关。

季氏当家人季康子贪求附庸国颛臾的土地,想灭而有之。身为季氏家臣的冉有和子路将这件事情告诉了孔子。孔子听完就先批评了为季氏"聚敛而附益之"(《论语·先进》)的冉有,认为冉有、子路作为他的门人,理应对他的恶行进行谏止。颛臾是先王的封国,负责东蒙山的祭祀,是不可伐的;而且颛臾本身就在鲁国领域之内,这又是不必讨伐的;再者,颛臾是社稷之臣,又不是季氏所能够讨伐的。冉有理屈,便把责任全都推给了季康子。孔子说,做事有能力就上,没能力就退下来,臣子的作用就是匡弼社稷,持危扶颠,如果季氏想滥伐,做危颠之事,你就应该谏止,如果不能"而犯之",只去找借口说是主上的意志,那要你们这些辅佐的臣子有什么用呢?孔子批判后,接着打了个比方继续责备:"虎兕出于柙,龟玉毁于椟中。"冉有等既为人臣,辅佐政事,应该对君王的过失有所进谏,譬如为人掌管老虎犀牛、龟壳美玉,如果虎兕打破笼子逃了出去,龟玉在盒子中破碎了,这是谁的罪过?这是看守者的罪过。现在季氏滥伐,难道不是你们辅佐之人的罪过吗?虎兕出柙,就好比擅用兵于外;龟玉毁于椟中,就意味着仁义废于内。孔子对冉有的甩锅式辩解给出了狠狠的批评。

冉有甩锅不成,便说颛臾城池坚固,距离鲁国的采地很近,如果现在不攻打下来,一定会遗患后世。如此看来冉有其实是深明季康子的心意的。孔子认为这又是强行找借口。他由此提出了"不患寡而患不均,不患贫而患不安"的著名治国标准。民少谓寡,财乏谓贫,所以有人说"寡""贫"两个字应该调换一下。季氏伐颛臾就是觉得地少民寡,但现在鲁国内部是君弱臣强,互生嫌隙,上下不安;季氏专权,鲁公有名无实,人财不能各得其分。"均无贫",是财富分配问题,社会平均了,就无所谓贫穷。"和无寡",是社会关系问题,社会和谐,就不会缺少衣食。"安无倾",是社会秩序问题,社会和平安定,社稷就不会倾危。所以,孔子认为为政者,不必担心衣食太少,只应担心不平均;不必担心贫穷,只需担心不安定。季氏与其抢占别人地盘来富强,不如自修文德来招徕安抚颛臾百姓。而现在鲁国是危机重重,公室内部分崩离析,被一分为四,却又想国境内大动干戈。最后孔子一针见血地戳穿了季氏的心思,他真正担忧的,可不是什么"后世必为子孙忧",而是萧墙后的鲁国国君啊。孔子看出了季氏反叛作乱的心思,当时的鲁国国君鲁哀公想对季氏发难,所以季氏攻打颛臾是想借此扩大自己的势力以对抗哀公。

这一则是孔子论政治中很关键的一处,他斥责了子路冉有为臣不能直谏君上。孔子在别人问他子路、冉有能不能算得上是"大臣"的时候,他曾说:"所谓大臣者,以道事君,不可则止。今由与求也,可谓具臣矣。"(《论语·先进》)大臣是"不可则止",而冉有和子路在孔子看来,是没有认真去诤谏的,算不得大臣,只能算个"具臣",即备位充数的官僚罢了。这则更关键的是孔子提出了治国应该遵循"均无贫,和无寡,安无倾",把社会的公平公道放在了经济财富发展之上,这对于今天是很有启发意义的。

子贡问曰:"何如斯可谓之士矣?"子曰:"行己有耻,使于四方,不辱君命,可谓士矣。"曰:"敢问其次。"曰:"宗族称孝焉,乡党称弟焉。"曰:"敢问其次。"曰:"言必信,行必果,硁硁然[1]小人哉!抑亦可以为次矣。"曰:"今之从政者何如?"子曰:"噫!斗筲之人[2],何足算也?"

——《论语·子路》

【注释】

1. 硁硁(kēng)然:敲击石头的声音。这里引申为像石块那样坚硬。

2. 斗(dǒu)筲(shāo)之人:古代十升为斗,一斗二升为筲。斗和筲容量小,比喻气量窄,见识短的人。

【译文】

子贡问道:"怎样才可以叫作'士'?"孔子道:"自己行为保持羞耻之心,出使外国,很好地完成君主的使命,可以叫作'士'了。"子贡道:"请问次一等的。"孔子道:"宗族称赞他孝顺父母,乡里称赞他恭敬尊长。"子贡又道:"请问再次一等的。"孔子道:"言语一定信实,行为一定坚决,这是不问是非黑白而只管自己贯彻言行的小人呀,但也可以说是再次一等的

'士'了。"子贡道:"现在的执政诸公怎么样?"孔子道:"咳!这班器识狭小的人算得什么?"

【解读】

子贡老师问老师什么样可以称为一个"士",也就是士者的品格。士者的目标是出仕,从政做官。孔子先说了一个较高的标准,"行己有耻,使于四方,不辱君命"。朱熹对此概括很精炼:"此其志有所不为,而其材足以有为者也。""行己有耻"是说做任何事情都需要带着羞耻心,知道什么事能做,什么事不能做,不行坑蒙拐骗,有损自己、他人或国家形象的无耻之事。"使于四方,不辱君命"说的是能忠君之事,才能足以完成使命。真正的士不光有志气,而且能争气。这三句话,对于外交人员,或旅外办事的人来说应是一句座右铭。在历史上,我们熟悉的唐雎不辱使命,苏武留胡节不辱,都很好体现了这一点。

子贡又问了次一等的士的样子。孔子说你的家族、同宗的人称你孝悌,这样的人就是士。这还是基于古人家国同构的认识,"孝悌也者,其为人之本与",在家孝悌,忠于父母同胞了,那下一步自然就是在外成为一个好的臣子。

类似于"子贡问政"一章,子贡可能是特别喜欢这种提问方式,又接着问次一等的士的样子。孔子说了今人爱引用的"言必信,行必果",但却说这是"小人哉",是最次一等的士。这会让人费解,因为诚信、果决是优秀的品质,孔子也说了"人而无信不知其可也"。不过这句话关键在"必"字。孔子主张"毋必、毋固",凡事一定要守信用,要果决,不知变通,像石头一样"硁硁然"生硬,反倒有可能不能很好地不辱使命。

2. 居事无倦

子张问政。子曰:"居之无倦,行之以忠。"

——《论语·颜渊》

【译文】

子张问政治。孔子道:"在位不要疲倦懈怠,执行政令要忠心。"

子路问政。子曰："先之劳之。"请益。曰："无倦。"

——《论语·子路》

【译文】

子路问政治。孔子道："自己给百姓带头，然后让他们勤劳地工作。"子路请求多讲一点。孔子又道："永远不要懈怠。"

【解读】

统治者对下属要有礼，而对工作要忠心而无厌倦。"居之"是在官位，不要倦息，"行之"是执行政务，要忠心，要尽职尽责地完成。强调的是"无倦"和"忠"。中国有勤政的传统，成语日理万机、宵衣旰食、朝乾夕惕都是形容统治者勤于政事的。而且统治者要在民众前率先垂范，先于民而劳，才能感化民众下属。

3. 以身作则

季康子问政于孔子。孔子对曰："政者，正也。子帅以正，孰敢不正？"

——《论语·颜渊》

【译文】

季康子向孔子问政治。孔子答道："政字的意思就是端正。您自己带头端正，谁敢不端正呢？"

子曰："其身正，不令而行；其身不正，虽令不从。"

——《论语·子路》

【译文】

孔子说："统治者本身行为正当，不发命令，事情也行得通；他本身行为不正当，纵三令五申，百姓也不会信从。"

子曰："苟正其身者，于从政乎何有[1]？不能正其身者，如正人何？"

——《论语·子路》

【注释】

1. 何有：有何难。

【译文】

孔子说："假若端正了自己，治理国政有什么困难呢？连本身都不能端正，怎么端正别人呢？"

季康子问政于孔子曰："如杀无道，以就有道^2，何如？"孔子对曰："子为政，焉用杀？子欲善而民善矣。君子之德风，小人之德草。草上之风，必偃^3。"

——《论语·颜渊》

【注释】

2. 杀无道，以就有道：除恶以成就善道。
3. 偃：倒。

【译文】

季康子向孔子请教政治，说道："假若杀掉坏人来亲近好人，怎么样？"孔子答道："您治理政治，为什么要杀戮？您想把国家搞好，百姓就会好起来。领导人的作风好比风，老百姓的作风好比草。风向哪边吹，草向哪边倒。"

【解读】

这四则讲的都是统治者的率先垂范对民众的重要影响，政治的责任在上不在下，下出现了问题，主要是上位者负责。前三则都说到了一个"正"字。"政者正也"，政治的"政"虽然加了一个反文旁，但是和正确的"正"是一个意思。中国古人的理解就是带领人民走正确的道路。统治者首先自己要"正"，走正道，这意味着为政要以修身为本。所谓"上梁不正下梁歪"，当一个领导者，自己要做到，才有资格要求下属，这在今天依然具有很强的现实意义。司马迁在《李将军列传》里用"其身正，不令而行；其身不正，虽令不从"这句来评价李广。司马迁说李广这个人，嘴很笨，好像乡巴佬，但身先士卒，忠勇可嘉。他带兵靠的不是军令严加管束，而是身先士卒，有个人魅力，将士们能够"不令而行"。第四则孔子通过一个形象的比喻来晓谕季康子为政者以身作则，以善化民的重要性。上位者品质好比是风，下位者品质好比是草。风往哪儿吹，草就向哪儿倒。君子是能影响人的，故责任重大，下位者却只能俯仰随人。世风日下，责任不怪人民，怪统治者。大家熟悉的蒲松龄的《促织》，天子荒淫无度，喜欢斗蛐蛐，下面就一层层往下摊派捉蛐蛐任务，为难百姓。"天子一跬步，皆关民命"，上有所好，下必甚焉。

子曰："君子怀德，小人怀土；君子怀刑，小人怀惠。"

——《论语·里仁》

【译文】

孔子说："君子心怀恩德，百姓就怀念乡土；君子心怀刑罚，百姓就心思惠利。"

【解读】

"怀"就是心里总是想着什么的意思。很多解释会把这四句话孤立地解释为，君子心怀的是道德，小人心怀的是乡土；君子心怀的是法度，小人心怀的是恩惠。清代俞樾就说，那为什么不直接说"君子怀德怀刑，小人怀土怀惠"。这一句强调的还是上位君子身之所安，对于民众的影响教化作用如风行草偃一样意义重大。君子安于德行，百姓就会依恋乡土。中国是农业文明，除非面临残暴的苛捐杂税，像柳宗元《捕蛇者说》写的那样，苛政导致百姓"非死即徙"，那百姓往往是安土重迁，心怀桑梓，是希望生于斯，长于斯，死于斯的。但如果君子安于刑辟，"齐之以刑"，荼毒百姓，百姓往往会更"喻于利"，会考虑能否在不违反刑罚的条件下获得更多利益，甚至权衡利益和犯法二者的得失，会变得"民免而无耻"。所以这句话还是强调为政者的德行对下位者的影响。

4. 举贤使能

仲弓为季氏宰，问政。子曰："先有司[1]，赦小过，举贤才。"曰："焉知贤才而举之？"子曰："举尔所知。尔所不知，人其舍诸[2]？"

——《论语·子路》

【注释】

1. 先有司：有司即各主管部门的官吏。先即先于，带头做表率。
2. 人其舍诸：难道别人会舍弃他（不举用）吗？

【译文】

仲弓做了季氏的总管，向孔子问政治。孔子道："给工作人员带头，不计较人家的小错误，提拔优秀人才。"仲弓道："怎样去识别优秀人才把他们提拔出来呢？"孔子道："提拔你所知道的。那些你所不知道的，别人难道会埋没他吗？"

【解读】

对仲弓的问政，孔子回答了三个要点，首先还是前面说的要以身作则，率先垂范，这里是在各级部门面前起带头作用；第二是不要过分苛责手下小的过失，为政需宽；第三点是本则重点，要多举贤才。为政者不要担心贤才被埋没，只要广泛地提拔自己知道的人才，人才知道为政者求贤若渴，就会越陌度阡，来到你的身边，或得到他人赏识。中国政治历来讲求贤人政治。《战国策》中"重金买马首"的故事是"举尔所知。尔所不知，人其舍诸"一句生动的注脚。郭隗告诉燕昭王，古代一个国君以千金求千里马，没想到千里马到来，却死了。大臣建议国君花五百金购得马首，国君不解，大臣解释道，死马尚且能以五百金购之，何况千里马？天下必然以为大王是一个识马之人。于是国君果真这么做了后，各路千里马很快向他投奔过来。郭隗用这个故事告诉燕昭王，要想求贤从我郭隗开始，如果连我这样的一般的人都能得到赏识，何愁人才不得？

哀公[1]问曰:"何为则民服?"孔子对曰:"举直错诸枉[2],则民服;举枉错诸直,则民不服。"

——《论语·为政》

【注释】

1. 哀公:鲁哀公,春秋时期鲁国最后一位国君。
2. 举直错诸枉:直,正直;错同"措",加置其上;诸,之于;枉,邪曲。全句意思是,举用正直的,放在邪曲的上面。

【译文】

鲁哀公问道:"要做些什么事才能使百姓服从呢?"孔子答道:"把正直的人提拔出来,放在邪曲的人之上,百姓就服从了;若是把邪曲的人提拔出来,放在正直的人之上,百姓就会不服从。"

樊迟问仁,子曰:"爱人。"问知,子曰:"知人。"樊迟未达,子曰:"举直错诸枉,能使枉者直。"樊迟退,见子夏,曰:"乡也吾见于夫子而问知,子曰:'举直错诸枉,能使枉者直。'何谓也?"子夏曰:"富哉言乎!舜有天下,选于众,举皋陶[3],不仁者远矣。汤有天下,选于众,举伊尹[4],不仁者远矣。"

——《论语·颜渊》

【注释】

3. 皋(gāo)陶(yáo):舜时的贤人和接班人。
4. 伊尹:汤的辅相,著名贤臣。

【译文】

樊迟问什么是"仁",孔子说:"爱别人。"又问什么是"智",孔子说:"善于了解别人。"樊迟没有理解明白。孔子说:"把正直的人提拔出来,放在邪曲的人之上,能使邪曲的人正直。"樊迟退出,见到子夏,说:"刚才我去见老师,问他什么是'智',他说,'把正直的人提拔出来,放在邪曲的人之上，能使邪曲的人正直'，这是什么意思？"子夏说："这句话寓意多么丰富啊！舜统领天下，从群众中挑选，提拔了皋陶，坏人就被疏远了。汤统领天下，从群众中挑选，提拔了伊尹，坏人就被疏远了。"

【解读】

这两则在语段上有重复。孔子拿"举直错诸枉"的答案回答过两个不同问题。

一个政府，一个国家，老百姓信服你，这个国家是健康的，昌盛的，发展的。老百姓对政府不信任，口服心不服，这个国家是糟糕的，黑暗的。这就涉及一个怎样才能使民众信服的问题，孔子认为，这不是靠强权靠暴力威慑，而是靠道义。拿起直的放在歪的、需要矫正的"枉"之上，拿直的去矫正不直的，以正压邪，老百姓就服。也就是说国家行得正，老百姓就信服。反过来说，拿歪的往直的上放，想要让歪的矫正直的，老百姓就不服了。这就是世道人心。在对樊迟问"知"（智）的答话孔子也说"举直错诸枉，能使枉者直"。能够识别人，并且合理安排贤人就是智。子夏举的例子为孔子的回答做了注，贤人善人在位，自然坏人就被疏远了。

这就如同一个班级，班干部学风端正，为人正直，自然会慢慢带着那些邪曲厌学的同学走上正轨。说得现实点，这一则谈的就是用人合适与否的问题。诸葛亮《出师表》里说的"亲贤臣，远小人"就是"举直错诸枉"；"亲小人，远贤臣"就是"举枉错诸直"。所以先汉兴隆，后汉倾颓。

5. 治民仁义

子曰："道千乘之国，敬事而信，节用而爱人，使民以时。"

——《论语·学而》

【译文】

孔子说："治理具有一千辆兵车的国家，就要严肃认真地对待工作，讲求信用，节约费用，爱护民众，在合适的时机去让百姓服役（不要违背农时）。"

子谓子产："有君子之道四焉：其行己也恭，其事上也敬，其养民也惠，其使民也义。"

——《论语·公冶长》

【译文】

孔子评论子产说："他有四个方面符合君子的标准：他自己的行为很谦恭，侍奉国君恭敬负责，养护百姓有恩惠，役使百姓合乎情理。"

【解读】

这两则涉及了一些治理国家和民众的策略。孔子说统治者对待民众是要推行仁爱的，强调节俭，儒家虽然不像墨家那样讲节用节葬，但也不讲求浪费，因为过于铺张最后耗损的还是百姓。同时，在农事上不能无时无刻地去役使百姓，这也是用仁心去爱人。第二则是孔子对郑国贤大夫子产的评价，认为他是具有君子的人格，子产修身恭谦，事上虔敬，同时养民要"惠"，给民众以恩惠，使民要"义"，也是指不夺农时，合情合理地让百姓生产劳作。

6. 五美四恶

子张问于孔子曰："何如斯可以从政矣？"子曰："尊五美，屏[1]四恶，斯可以从政矣。"

子张曰："何谓五美？"子曰："君子惠而不费，劳而不怨，欲而不贪，泰而不骄，威而不猛。"

子张曰："何谓惠而不费？"子曰："因民之所利而利之，斯不亦惠而不费乎？择可劳而劳之，又谁怨？欲仁而得仁，又焉贪？君子无众寡，无小大，无敢慢，斯不亦泰而不骄乎？君子正其衣冠，尊其瞻视，俨然人望而畏之，斯不亦威而不猛乎？"

子张曰："何谓四恶？"子曰："不教而杀谓之虐；不戒视成谓之暴；慢令致期谓之贼；犹之与人也[2]，出纳之吝谓之有司[3]。"

【注释】

1. 屏（bǐng）：摒除，除去。
2. 犹之：好比、好像。与，给予。犹之与人，好比是给人。
3. 出纳：偏义复词，其中"纳"的意义虚化而只有"出"的意义。有司，管事的小官吏。

【译文】

子张问孔子："怎样才可以治理政事呢？"孔子说："推崇五种美德，摒弃四种恶政，这样就可以治理政事了。"

子张说："什么是五种美德？"孔子说："君子使百姓得到好处却不破费，使百姓劳作却无怨恨，有正当的欲望却不贪求，泰然自处却不骄傲，庄严有威仪而不凶猛。"子张说："怎样是使百姓得到好处却不破费呢？"孔子说："顺着百姓想要得到的利益而使他们得利，这不就是使百姓得到好处却不破费吗？选择百姓可以劳作的时间去让他们劳作，谁又会有怨言呢？想要仁德而又得到了仁德，还贪求什么呢？无论人多人少，无论势力大小，君子都不怠慢，这不就是泰然自处却不骄傲吗？君子衣冠整洁，目不斜视，态度庄重，庄严的威仪让人望而生敬畏之情，这不就是庄严有威仪而不凶猛吗？"

子张说："什么是四种恶政？"孔子说："不教育就杀戮叫作虐；不申诫便强求别人做出成绩叫作暴；起先懈怠而又突然限期完成叫作贼；好比给人财物，出手吝啬叫作小家子气的官吏。"

【解读】

这一则孔子较为全面地回答了子张关于为政应该做到的五种美德和避免的四种恶政。五种美德主要立足为政者对待民众的态度与他们自身的人格修养。"惠而不费"是财政观，指财政要顺应民利而利民，不同地区百姓需求可能不尽相同，但要解决百姓最迫切的利益需求，同时谨慎消费，避免浪费。"劳而不怨"是劳役方面，使民以时且使民有度，这样民众虽然劳苦，但张弛有度，并不怨恨。"欲而不贪"可以理解为政绩观，指为政者有成事的想法，有欲望决心，但不取其所不当取，求仁得仁，如果能得到了政绩民心，那还贪求什么别的呢。"泰而不骄""威而不猛"是为政者的人格修养与临民姿态,正其衣冠、俨其容貌,庄重雍容但不颐指气使,威严让百姓敬畏却不凶猛令百姓害怕。和"五美"的表述相同的是,《论语》中多"A而不B"的表达,如"周而不比""群而不党""乐而不淫"等,它们都体现了孔子讲中庸、适度,拿捏好分寸的处世理念。"四恶"是四种错误的管理民众的方式:虐、暴、贼、吝。前两种都是讲要教化民众。为政者有教化民众的义务,孔子说过:"以不教民战,是谓弃之。"(《论语·子路》)让没有受过军事训练的人上战场,是让他们送死。同样,只生育,不教育,犯了错就杀戮,这是酷虐之君干的事。与之类似,百姓如何做事也需要教,做错了需要申诫,不诫而责,这和老师不辅导学生就让他自主考出好成绩一样,都是暴政。第三种是使民不能"慢令致期",先不抓紧督促,后又突然限定截止日期,没有统筹规划,让百姓无所适从,这是贼害。第四种是要惠民,不能吝啬抠门,有功的该赏就要赏,《史记》记载项羽面对有功之人"至使人有功当封爵者,印刓敝,忍不能予"。有功该赏的,把刻好的大印拿在手上玩得磨平了棱角就不舍得给人。这种小家子气为政者要不得。

三、治国之道

【问题导引】

我们经常说"名不正则言不顺",你觉得为什么名分很重要?生活中你遇到过哪些因"名不正"而没有办成的事情?

1. 各安其位

子路曰:"卫君待子而为政,子将奚先?"

子曰:"必也正名乎!"

子路曰:"有是哉,子之迂也!奚其正?"

子曰:"野哉,由也!君子于其所不知,盖阙如[1]也。名不正则言不顺,言不顺则事不成，事不成则礼乐不兴，礼乐不兴则刑罚不中[2]，刑罚不中则民无所措手足。故君子名之必可言也，言之必可行也。君子于其言，无所苟而已矣。"

——《论语·子路》

【注释】

1. 阙（quē）如：空缺，这里指存疑、保持沉默。
2. 中：恰当。

【译文】

子路对孔子说："卫君等着您去治理国政，您准备首先干什么？"

孔子道："那一定是纠正名分上的用词不当吧！"

子路道："您的迂腐竟到如此地步吗！这又何必纠正？"

孔子道："你怎么这样鲁莽！君子对于他所不懂的，大概采取保留态度，（你怎么能乱说呢？）用词不当，言语就不能顺理成章；言语不顺理成章，工作就不可能搞好；工作搞不好，国家的礼乐制度也就举办不起来；礼乐制度举办不起来，刑罚也就不会得当；刑罚不得当，百姓就会惶惶不安，连手脚都不晓得摆在哪里才好。所以君子用一个词，一定有它一定的理由，可以说得出来；而顺理成章的话也一定行得通。君子对于措辞说话要没有一点马虎的地方才罢了。"

【解读】

理解这段话有赖于当时背景，即卫国的内乱。卫君指的是卫出公，名字叫辄。孔子当时自楚返卫，孔子弟子也多在卫国出仕，所以子路有此一问。辄是卫灵公的孙子，是卫灵公的太子蒯聩之子。灵公生前外宠佞臣弥子瑕，内幸荡妇南子，引发了蒯聩杀南子未遂，得罪而逃往晋国的结果。灵公死后，辄成为卫君。晋国这时心怀不轨，想借把蒯聩送回之机攻打卫国，结果被卫国抵御，蒯聩也自然被拒绝归国。这种情势客观上造成蒯聩与辄父子争夺君位的情形。当时人包括弟子冉有都觉得孔子既然是出公辄的宾客，应该会助辄拒父的。子贡就想试探一下老师，于是旁敲侧击问老师："伯夷、叔齐何人也？"（《论语·述而》）。孔子说是"古之贤人也"。伯夷叔齐是孤竹君的两个儿子，兄弟让国，均不受君位，而卫父子争国，与之形成鲜明对比。孔子若不助卫君，必言伯夷叔齐之行为是；孔子若想助卫君，必言伯夷叔齐之行为非。伯夷叔齐贤人相让，虽饿死于首阳山，但孔子认为他们为仁义相让，而万代之后又美其相让之名，是求仁得仁，死而不恨。所以由此一问，子贡得知在卫国立场上孔子是不支持卫出公辄的。

所以面对此时卫国乱局，孔子认为应以"正名"为先。"名"的含义宽泛，包括名号，名实，名分，名称等。孔子"正名"之说如就卫国此事来说，应该是认为蒯聩既为原太子，出公之父，自然归卫有名，而卫人拒之无名，故需整顿卫国君臣、父子之名分，使他们各处其位，各安其分。但"正名"之说又可以上升为普遍的治国理念，甚至是处事观念。从名正言顺到事成礼兴到刑罚得当、民生安定，孔子给出了一系列推论，正名是政治的前提。"名不正则言不顺"已然成为今日俗语。我们不能忽视名号、观念领域的重要性。你去做一件差事，不给你相应负责人的身份、待遇，你办事就不能名正言顺。古代战争讲"师出有名"。孙中山建立同盟会提出"驱除鞑虏，恢复中华，建立民国，平均地权"十六字纲领，这就是为革命"正名"，或者说确立了革命的"合法性"，所以辛亥革命才能取得胜利。儒家特别重视语言的实用性，对于措辞是十分看重的。

齐景公问政于孔子。孔子对曰："君君，臣臣，父父，子子。"公曰："善哉！信如君不君、臣不臣、父不父、子不子，虽有粟，吾得而食诸？"

——《论语·颜渊》

【译文】

齐景公向孔子问政治。孔子答道："君要像个君，臣要像个臣，父亲要像父亲，儿子要像儿子。"景公道："对呀！若是君不像君，臣不像臣，父不像父，子不像子，即使粮食很多，我能吃得着吗？"

子曰："不在其位，不谋其政。"曾子曰："君子思不出其位。"

——《论语·宪问》

【译文】

孔子说:"不在那个职位上,就不考虑它的政务。"曾子说:"君子所考虑的不超出自己的职位。"

【解读】

"君君,臣臣,父父,子子"八个字曾经遭到很大的误读,被认为是宣扬君为臣纲、父为子纲,君就是君,鼓吹教人认命的等级观念学说。把这句话解释为,臣就是臣,父就是父,子就是子,君要臣死臣不得不死,儿子也要无条件服从父亲。

孔子这句话是对齐景公说的,就是那个经常被晏婴直言进谏的安于享乐和美色的齐景公。景公失政,当时控制齐国的是大夫陈桓,他厚施于民,邀买人心。孔子为此忧虑,孔子为政,首先强调"必也正名乎",要纠正名分上名不符实,实大于名的问题,"不在其位,不谋其政";也就是说,在其位,就必须谋其政。既然你是君,你就应该践行君道;你是臣,你就应该践行臣道。做父亲的要思考自己如何做一个父亲,做儿子的要思考自己如何做一个儿子,所有人都在自己的身份上尽到这一身份需要的职责。现在是君不行君德,臣不守臣礼,那结果就是即使有很多粮食也吃不到,意思是那就会纲纪大乱。

在其位,谋其政,反过来说就是"不在其位,不谋其政"。把这句话的道理推而广之放在今天也是一样的,在什么职位,是什么身份就要尽其职,做学生要有学生的样子,做老师也要有老师的样子,各安其分,界限过于模糊了,未必是件好事。现代社会是社会化大分工的时代,在其位,谋其政的意义是能让每一个人做好自己负责的工作,这就是好的社会管理。

2. 孝友亦为政

或谓孔子曰:"子奚[1]不为政?"子曰:"《书》云:'孝乎惟孝,友于兄弟,施[2]于有政。'是亦为政,奚其为为政?"

——《论语·为政》

【注释】

1. 奚：怎么、为什么。
2. 施（yì）：延及。

【译文】

有人对孔子道："你为什么不参与政治？"孔子道："《尚书》上说，'孝呀，只有孝顺父母，友爱兄弟，把这种风气影响到政治上去。'这也就是参与政治了呀，为什么定要做官才算参与政治呢？"

【解读】

有的人问孔子，说您怎么不亲自去参加政治呢？一般认为这是鲁定公元年孔子返鲁不仕的时候，别人对他的发问。孔子拿《尚书》里的话去回答，对父母尽孝，对兄弟友悌，把这种品质延伸到政治上去，就这是参与政治了。不必非出来做官，通过文化活动教化乡里就是参政。孝悌仁之本，齐家在治国先，把家庭风气弄好了，就会影响人的政治观。中国人讲政治，"政者，正也"，政治的"政"和正确的"正"是一个意思。所以政治，中国古人的理解就是带领人民走正确的道路。古希腊把管理城邦的事务叫"政治"。而儒家认为家国同构，把家庭风气弄好，引导人民走上正道才是"政治"。

3. 以信立国

子贡问政。子曰："足食，足兵，民信之矣[1]。"

子贡曰："必不得已而去，于斯三者何先[2]？"曰："去兵。"

子贡曰："必不得已而去，于斯二者何先？"曰："去食。自古皆有死，民无信不立[3]。"

——《论语·颜渊》

【注释】

1. 足食，足兵，民信之矣：粮食充足，军备整修，取得人民的信任。
2. 于斯三者何先：在这三项中先去除哪一个？

3. 民无信不立：为政者不可失信于民，若人民不信服政府，政权就无法建立。

【译文】

子贡问怎样去治理政事。孔子道："充足粮食，充足军备，百姓对政府就有信心了。"

子贡道："如果迫于不得已，在粮食、军备和人民的信心三者之中一定要去掉一项，先去掉哪一项？"孔子道："去掉军备。"

子贡道："如果迫于不得已，在粮食和人民的信心两者之中一定要去掉一项，先去掉哪一项？"孔子道："去掉粮食。（没有粮食，不过死亡，但）自古以来谁都免不了死亡。如果人民对政府缺乏信心，国家是站不起来的。"

子夏曰："君子信而后劳其民；未信，则以为厉[4]己也。信而后谏；未信，则以为谤己也。"

——《论语·子张》

【注释】

4. 厉：虐害，损害。

【译文】

子夏说："君子必须得到信任以后才去动员百姓；否则百姓会以为你在折磨他们。君子必须得到君上信任以后才去进谏，否则君上会以为你在诽谤他。"

【解读】

这两则都强调为政要取信于民。第一则的关键在于"民无信不立"，这句话有很多种理解，关键又在"信"的主体是谁，以及"信"到底怎么理解。第一种解释，"民无信不立"是就统治者来说的，统治者宁肯饿死也不能失信于人民。如皇侃："若君无信，则民众背离，故必使民信之也。"孔安国的解释是："死者古今常道，人皆有之。治邦不可失信。"这些都强调对于执政者来说，获得人民的信任远比使其丰衣足食更为重要。人民缺衣少粮并不是最可怕的，最可怕的是人民对统治者失去信任。也就是我们今天讲的政府要有"公信力"。按这种解释，子夏也有类似统治者要取信于民的观点："君子信而后劳其民；未信，则以为厉己也。"（《论语·子张》）意思是说，君子要等待民众信任后才劳役人民，否则，会以为你在折磨他们。

第二种解释，"信"指的是民众要有信用；民众对国家要有信任，不能失信于统治者。朱熹的解释是："民无食必死，然死者人之所必不免，无信，则虽生而无以自立，不若死之为安。故宁死而不失信于民，使民亦宁死而不失信于我也。"既强调统治者不能失信于民，又强调民不能失信于统治者。这一种解释将统治者教化民众守信放在了重要位置。钱穆先生的解释是这一观点的代表："民无信必死，然无信则群不立，涣散斗乱，终必相率沦亡，同归于尽。故其群能保持有信，一时无食，仍可有食。若其群去信以争食，则终成无食。"民众没有信用，就是一盘散沙，即使有了食物，也会像野兽一样地去争抢。与前一种责备于统治者相比，这种解释责备于人民，在政治思想上远不如前者伟大，也容易被统治者拿来用作专制统治的思想工具。

我们更倾向于认同第一种理解，强调为政者"以信立国"。近年来，一些丑闻使我们的社会陷入了诚信危机。三鹿奶粉事件，葬送了国产奶粉声誉；翟天临"学历造假"，败坏了学术信誉以及大学的公信力；郭美美炫富事件，抹黑了红十字会的公众形象。魏征曾经指出："言而不信，言无信也；令而不从，令无诚也。不信之言，无诚之令，为上则败德，为下则危身。"（《贞观政要·论诚信》）政府诚信的建立，冰冻三尺非一日之寒，政府诚信的丧失只需一次危机。殷鉴在兹，尤应戒惧！

4. 先富后教

哀公问于有若曰："年饥，用[1]不足，如之何？"有若对曰："盍彻[2]乎？"曰："二，吾犹不足，如之何其彻也？"对曰："百姓足，君孰与不足？百姓不足，君孰与足？"

——《论语·颜渊》

【注释】

1. 用：国家财用。
2. 盍：何不。彻：田税抽十分之一。

【译文】

鲁哀公向有若问道："年成不好，国家用度不够，应该怎么办？"

有若答道："为什么不实行十分抽一的税率呢？"

哀公道："十分抽二，我还不够，怎么能十分抽一呢？"

答道："如果百姓的用度够，您怎么会不够？如果百姓的用度不够，您又怎么会够？"

【解读】

"百姓足，君孰与不足？百姓不足，君孰与足？"是一句为政警句，它提出了国家贫富与人民贫富的关系问题：赋税重，国富民贫；轻徭薄赋，则民富国贫。当然，这是基于古人对国家财富总量是一个固定值的认识，财富不在民则在官，不在官则在民。但儒家却认为民富则君不会独贫，民贫则君不能独富。君民是一体，人民是国家的基础，所以富国首先应该富民，富民首先要薄赋敛。这种藏富于民的做法，是高瞻远瞩的。古来多少农民起义都是因为吃不上一口饭的问题，但凡百姓稍足，历代君王的江山也会坐得更加长久一点。

子适卫，冉有仆[1]。子曰："庶[2]矣哉！"

冉有曰："既庶矣，又何加焉[3]？"曰："富之"。

曰："既富矣，又何加焉？"曰："教之。"

——《论语·子路》

【注释】

1. 仆：驾驭车马。
2. 庶：人口稠密。

3. 又何加焉：又该怎么办呢？

【译文】

孔子到卫国，冉有替他驾车子。孔子道："好稠密的人口！"

冉有道："人口已经众多了，又该怎么办呢？"孔子道："使他们富裕起来。"

冉有道："已经富裕了，又该怎么办呢？"孔子道："教育他们。"

【解读】

孔子到了卫国，冉有给孔子驾车。孔子叹说，卫国人真多啊！冉有说，既然人多了，那该怎么办呢？孔子说，那就让他们致富。冉有又说，如果他们已经富了，又该怎么样呢？孔子说，那就教化他们。这是讲的先王为政之道。古代一个国家的大小跟人口的多少有很大的关系，古代人重视人力资源，不搞计划生育，所以古人很看重人口，人口多就说明国家政通人和、国泰民安，老百姓愿意来归顺。但光是人口多还不行，还必须让大家都致富。人多了，富有了，也还只是治国的基础，最重要的是要教化民众，使民众都沐浴文化的光辉、得到礼乐的润泽，这样国家才会真正地安宁祥和。这一则的关键之处在于孔子主张"富之""教之"，并且是"先富后教"，肯定人吃饱肚子是第一位的。管子也有类似的话"仓廪实而知礼节，衣食足而知荣辱"，这和马克思的人类历史发展规律的认识相似，"人们首先必须吃、喝、住、穿，然后才能从事政治、科学、艺术、宗教，等等"。后代有些儒家大谈特谈心性，修身明德，却忘了孔子说的"富之"，人活着，有饭吃是第一位的。

四、仕与隐

【问题导引】

孔子说"邦无道，则隐"，赞赏"邦无道则可卷而怀之"，但生活在乱世的孔子和他的弟子则积极寻求入仕，你是如何看待孔子的言行的？

子曰:"笃信好学,守死善道¹。危邦不入,乱邦不居。天下有道则见,无道则隐。邦有道,贫且贱焉,耻也;邦无道,富且贵焉,耻也。"

——《论语·泰伯》

【注释】

1. 守死善道:誓死守卫保全道,宁为善而死,不为恶而生。

【译文】

孔子说:"坚定地相信我们的道,努力学习它,誓死守卫保全它。不进入危险的国家,不居住在动乱的国家。天下有道,就出来从政;天下无道,就隐居不仕。国家有道,而自己贫穷鄙贱,是耻辱;国家无道,而自己富有显贵,也是耻辱。"

宪问耻,子曰:"邦有道,谷²;邦无道,谷,耻也。"

——《论语·宪问》

【注释】

2. 谷:做官拿薪水。

【译文】

原宪问什么叫耻辱。孔子说:"国家政治清明,就做官领俸禄;国家政治黑暗,还做官领俸禄,这就是耻辱。"

子曰:"邦有道,危³言危行;邦无道,危行言孙⁴。"

——《论语·宪问》

【注释】

3. 危:正直。
4. 孙:同"逊"。

【译文】

孔子说:"国家政治清明,言语正直,行为正直;国家政治黑暗,行为也要正直,但言语应谦逊谨慎。"

子曰:"直哉史鱼!邦有道如矢[5],邦无道如矢。君子哉蘧伯玉!邦有道则仕,邦无道则可卷而怀之。"

——《论语·卫灵公》

【注释】

5. 矢:箭,这里比喻像箭一样正直。

【译文】

孔子说:"史鱼正直啊!国家政治清明时,他像箭一样直;国家政治黑暗时,他也像箭一样直。蘧伯玉是君子啊!国家政治清明时,他就出来做官;国家政治黑暗时,就把自己的才能收藏起来(不做官)。"

【解读】

说到隐居,人们往往觉得这是道家的"专利",其实隐士活动在很早时候就有了,比如商末伯夷、叔齐就隐居于首阳山,义不食周粟。儒家讲隐,道家也讲隐。道家的隐是相对彻底的隐,是主张个体逍遥超脱的隐逸;而儒家的隐,从性质上说更多是一种暂时的,见机而动的隐,孔子说"用之则行,舍之则藏",像诸葛亮隆中高卧的那种隐,不是隐逸,而是隐藏,等待着伯乐来发现自己。儒者的隐是为了保全自身道德的高洁,一旦外在环境有了起色,是决不放弃积极入世的追求的。所以孔子经常"天下(邦)有道"和"天下(邦)无道"对举着来说,因为儒者的"出与处"得视外部机缘来定。政治清明,天下有道,明天子在上,自然可以出而仕矣。但世乱时危,应该"危行言孙",做事还应该正直,有所不为,德行不亏,但说话应谨慎小心,以免招惹祸患。孔子赞赏史鱼乱世中正道直行,更欣赏蘧伯玉"卷而怀之",退而藏身,韬光养晦,把自己的锋芒本领收藏起来的态度。孔子也还不无幽默地评价宁武子"邦有道,则知;邦无道,则愚。其知可及也,其愚不可及也"。他不可及的愚是一种智慧的处世姿态。儒者隐居是要保全志洁行廉的品格的,若得遇明时,不能辅佐时政,靠着自己所学勤劳致富,那是无能,是可耻的。而若在无道之世升官发财，如鱼得水，那是作恶，更是可耻的，就像老舍《茶馆》第一幕里，在大清国要完的末世中混得风生水起的都是二德子、刘麻子那样的社会渣滓。《论语》中唯一记载的一次孔子有愤怒之态的话语，是面对冉有为季氏不断地搜刮财富，使得作为鲁臣的季氏比天子臣的周公还富有，孔子说"非吾徒也，小子鸣鼓而攻之可也"（《论语·先进》），号召弟子们去谴责他的不义之举。

五、断案听讼

【问题导引】

断案听讼是为政的重要方面，以下三则《论语》都谈到断案的问题，它们的观念哪一些在今天依然是有价值的，哪些是要辩证看待的？

1. 无讼

子曰："听讼，吾犹人也。必也使无讼乎！"

——《论语·颜渊》

【译文】

孔子说："审理诉讼，我同别人差不多。一定要使诉讼的事件完全消灭才好。"

【解读】

今天的律师在古代叫讼师，是专门替打官司、出主意、写状纸的。今天律师社会地位较高，而讼师在古代却遭人恨。孔子认为他的理想状态是消灭诉讼。靠什么？靠的是道德的教化，礼法的引导。费孝通先生《乡土中国》有一篇就叫《无讼》。文章说道，乡土社会是礼治社会，地方官维持秩序的理想手段是教化，而非折狱。诉讼被认为是教化的失职，调解就是教育的过程，这与现代法律旨在保护、厘定权利不同。现代社会法律与时俱变，中国乡土中原有的诉讼观念根深蒂固，使现代司法不能彻底推行。中国乡土伦理和现代司法制度存在隔膜与冲突，直到现在很多中国老百姓还觉得打官司是件丢脸的事情。

2. 哀矜勿喜

孟氏使阳肤[1]为士师，问与曾子。曾子曰："上失其道，民散[2]久矣。如得其情[3]，则哀矜而勿喜！"

——《论语·子张》

【注释】

1. 阳肤：曾子弟子。
2. 散：人民流离失所。
3. 情：这里指民流散后，作奸犯科的实情。

【译文】

孟氏任命阳肤做法官，阳肤向曾子求教。曾子道："现今在上位的人不依规矩行事，百姓早就离心离德了。你假若能够审出罪犯的真实情形，便应该同情他，可怜他，切不要自鸣得意！"

【解读】

曾子这句话是对即将做法官的弟子的告诫，放在今天来看，这句话最有价值的地方在于它让人思考，无论你是不是法官，是不是为政者，我们该如何面对别人的落魄、错误乃至罪恶。如果别人的落魄、错误、罪恶背后的"其情"是源于"上失其道"，就像雨果的《悲惨世界》描绘的那样，是贫穷使男子沉沦，饥饿使妇女堕落，黑暗使儿童羸弱，是压迫人的社会造成了悲惨世界，或有其不得已的原因，或者有更值得让人深思的社会原因，那我们面对他们应该是同情和悲悯，不要处在高高在上的视角去审判他们。如果一个人的错误、罪恶更多地出于他主观的过失，哪怕他的判决令人大快人心，我们也得思考其背后是不是有值得让人悲哀省察的地方。杀人犯都不是天生的，有的是复仇，有的是冲动，有的是人性的扭曲，背后都有复杂的家庭、社会与个人的种种原因。"一个人违背本善的天性去作恶，从根本上讲，是源自教育的失败和社会制度的不完善。在这个层面上，再穷凶极恶的罪犯都是受害者，他是用自己的堕落和受罚来承担社会问题的苦果。"围观者到底是抱着吃瓜群众的心态去看他们的问题，还是悲悯的心态去看？曾子是持一种仁者温情的心态，不是冷漠地面对。

前几年，某野生动物园出现游客不守游览规则私自下车，结果被突然跳出来的老虎活活咬死的惨剧。每当出现这样的事情，网络上一定会涌出铺天盖地的认为死者活该，不守规则就应该付出生命代价的言论，言语之间甚至有幸灾乐祸的味道。如果让曾子或孔子去评价这样的事情，他无疑会指责这些网络看客是冷血的，一名游客因自身过错而丧命，他再不值得同情，人们也不该为此幸灾乐祸；一只老虎因撕咬游客而被击毙，无论它的动物本性如何值得尊重，这时候也应让位于拯救人的生命。网络让所有人都能成为"审判者"，保持哀矜勿喜的心态，才能留住人性的光辉。

3. 亲亲相隐

叶公语孔子曰："吾党[1]有直躬[2]者，其父攘[3]羊，而子证[4]之。"孔子曰："吾党之直者异于是：父为子隐，子为父隐[5]。直在其中矣。"

——《论语·子路》

【注释】

1. 吾党：我们那里。
2. 直躬：坦白直率。
3. 攘：偷。
4. 证：告发。
5. 父为子隐，子为父隐：父亲替儿子隐瞒，儿子替父亲隐瞒。

【译文】

叶公告诉孔子道："我那里有个坦白直率的人，他父亲偷了羊，他便告发。"孔子道："我们那里坦白直率的人和你们的不同：父亲替儿子隐瞒，儿子替父亲隐瞒——直率就在这里面。"

【解读】

　　这是一个很有意思的问题，人民有违法行为，从国家和法律的立场来看，自应鼓励其他人去检举，但就伦理的立场来看则不然。孔子认为做父亲的偷了羊，做儿子的去告发父亲，这不叫正直。《论语》中多次出现"直"这个概念，"直"是要讲中庸之道的，过犹不及，"直而无礼""好直不好学"会带来伤害，微生高的"直" "恶讦以为直者"也是孔子所反对的刻意的"直"。如果为了"直"而不顾父子人伦，这不是孔子所赞赏的"直"。真正的"直"是"父为子隐，子为父隐"，父子互相隐瞒，正直、直率就在其中。从古至今，中国的立法大受儒家的影响，政治上是以孝治天下，讲"亲亲"，宁可为孝而屈法，也不能因为法而有损于"孝"。"孝悌仁之本与"，如果家人都能告发，维系家人的情感道德法则就会受到冲击，整个社会的基础就遭到了动摇。所以历朝历代的法律都承认"容隐"（容许隐瞒）的法律原则。法律容许隐瞒，子孙如果不但不为亲疏藏匿罪行，反而主动告发，违背了立法精神的话，法律将会严惩子孙告发父母祖父母的行为。反过来长辈告发子女也是不允许的。就连秦朝，这样一个以法家"人性恶"思想为指导，在中国法制历史上以刻薄寡恩残暴而著称的朝代，仍然一定程度上考虑了家庭成员之间与常人不同的感情关系，并在法律上明确规定："子告父母，臣妾告主，非公室告，勿听……而行告，告者罪。"容隐制度是法律中非常有人性的一种精神，体现了法律对于人性的关怀，维护家庭社会人伦。

　　2003年《北京晚报》报道，农村少年张某雁，辍学打工供哥哥上学。为了给哥哥筹措上大学的报名费铤而走险，偷了舍友的4万元钱。警方接到报案后，找到正在上海上学的哥哥张某涛，要他协助抓捕自己的弟弟，张某涛把弟弟骗到了上海，被埋伏的警察抓获。这件事在当时引发了极大的争议，也给我们留下了诸多的思考，亲人之间的揭发的确大大提高了破案率，但也破坏了人类社会最起码的亲情，使当事人陷入了伦理悲剧当中，这种伤害不应在"法不容情"的冰冷口号之下被忽略。

我国《刑事诉讼法》第一百九十三条：经人民法院通知，证人没有正当理由不出庭作证的，人民法院可以强制其到庭，但是被告人的配偶、父母、子女除外。"亲亲相隐"的容隐原则让人得到更多尊严。

问题与讨论

1. 子曰："道千乘之国，敬事而信，节用而爱人，使民以时。"（《论语·学而》）

这一则孔子说了关于治国为政的哪些基本原则？

2. 子夏为莒父宰，问政。子曰："无欲速，无见小利。欲速则不达，见小利，则大事不成。"（《论语·子路》）

"欲速则不达"最初是孔子的为政观。为什么从事政治，需要讲求循序渐进，不可求急功，好小利？能否结合今天的社会发展，谈谈你的看法。

3. 子羔为卫政，刖人之足。卫之君臣乱，子羔走郭门，郭门闭，刖者守门，曰："于彼有缺！"子羔曰："君子不踰。"曰："于彼有窦。"子羔曰："君子不遂。"曰："于此有室。"子羔入，追者罢，子羔将去，谓刖者曰："吾不能亏损主之法令，而亲刖子之足，吾在难中，此乃子之报怨时也，何故逃我？"刖者曰："断足固我罪也，无可奈何。君之治臣也，倾侧法令，先后臣以法，欲臣之免于法也，臣知之。狱决罪定，临当论刑，君愀然不乐，见于颜色，臣又知之。君岂私臣哉？天生仁人之心，其固然也！此臣之所以脱君也。"孔子闻之，曰："善为吏者，树德；不善为吏者，树怨。公行之也，其子羔之谓欤？"（《说苑·至公》）

阅读选文，说说你如何理解曾子所说的"如得其情，则哀矜而勿喜"？

4. 2015年全国卷一高考作文题：因父亲总是在高速路上开车时接电话，家人屡劝不改，女大学生小陈迫于无奈，更出于生命安全的考虑，通过微博私信向警方举报了自己的父亲，警方核实后，依法对老陈进行了教育和处罚，并将这起举报发在官方微博上，此事赢得众多网友点赞，也引发一些质疑，经媒体报道后，激起了更大范围、更多角度的讨论。

对于这件事情，你怎么看？请给小陈、老陈或其他相关方写一封信，表达你的看法。

5. 俗话说"可怜之人必有可恨之处",你如何看待这句话与"哀矜勿喜"不同的价值取向?

6. "亲亲相隐"这一制度在今天还应该成为立法的原则之一吗?有人认为儒家的"父子相隐"会导致诚信危机,甚至为了偏袒私情私利,不惜损害公义公利。你是否认同?

第九讲

"冠者五六人，童子六七人"：谁是孔门好学生？

孔子有教无类，毕生培育英才。《史记·孔子世家》："弟子盖三千焉，身通六艺者七十有二人。"但见诸《论语》的仅三十多人而已。他们之中，富、贫、狂、狷、愚、鲁等样样都有，但在孔子的春风化雨之下，终能成德达材。孔子卒后，不少孔门弟子游散于诸侯，或为师傅卿相，或讲学授徒，儒家思想成为中国学术主流，孔门弟子功不可没。《论语》中形象鲜明的如颜回、子路、子贡、宰予、曾参等，他们秉性天赋不同、能力才情迥异，但人格精神皆化于孔子，数千载之下，吾辈依能染其德泽，仰其风范。

一、四科十哲

子曰："从我于陈、蔡[1]者，皆不及门[2]也。

【注释】

1. 陈、蔡：二国名。孔子周游列国，曾受困于陈、蔡之间。
2. 不及门：此时不在门下。孔子受困时弟子多跟从他，此时不在门下，所以这是孔子晚年思念弟子们的话。

【译文】

孔子说："跟着我在陈国、蔡国之间忍饥受饿的人，都不在我这里了。

德行：颜渊，闵子骞[3]，冉伯牛[4]，仲弓[5]。言语：宰我，子贡。政事：冉有，季路。文学[6]：子游，子夏。"

——《论语·先进》

【注释】

3. 闵子骞：闵损，字子骞，鲁国人。性情恭谨恬淡，以孝著称。
4. 冉伯牛：冉耕，字伯牛，鲁国人。行事谨慎，以德行著称。
5. 仲弓：冉雍，字仲弓，鲁国人。气量宽宏，沉默厚重。
6. 文学：指擅长《诗》《书》六艺，熟悉古代文献的特长。

【译文】

德行好的：颜渊，闵子骞，冉伯牛，仲弓。会说话的：宰我，子贡。能办理政事的：冉有，季路。熟悉古代文献的：子游，子夏。"

【解读】

第一则是孔子晚年思念弟子们的话，表明他不忘弟子们患难相从之情。陈、蔡之间孔子和弟子一度"绝粮"，没饭吃，这是孔子一生中最艰难困厄的一次，所以孔子印象深刻。连宰我这样经常被自己骂的人也赫然在列，但如今弟子们离散的离散，去世的去世，都不在门下了，孔子抚今追昔，感慨万分。

孔子以德行、言语、政事、文学四科区分弟子所长，这是孔子因材施教的良好成果。这四科的区分和顺序也能看出孔子教学的重点是"德本文末"。"德行"，是个人修养，颜渊是代表，你能不能安贫乐道，沉默寡言，埋头苦干，在家做个孝子，在外听老师的话，这就是德行。"言语"，是口才和外交才能，宰我是代表，从他问孔子"三年之孝""井有仁焉"等问题上，就可以看出这个人脑子活，能言善辩，适合搞外交。"政事"，是管理才能，给别人家做管家，去理财，冉有和季路这方面都很出色。冉有给当时鲁国第一大家族季氏做大管家，做季氏宰。子路也曾经做过季氏宰，还在卫国做过大夫。先秦的"文学"不是今天意义上的文学，而主要是指文献功底，熟悉古代典籍，也包括古代的自然科学。中国后代取士，选举方法不断变化，但大体不出这四科范围。比如两汉时期的察举制，举孝廉主要看的就是德行，言语。

后代的科举制慢慢将人才录取从"唯德"转到"唯才",考政事,写点策论,考诗词文章。"无情未必真豪杰,怜子如何不丈夫",这一则展现的孔子真情的一面丝毫不妨碍孔子圣贤的伟大人格。

二、好学颜回

1. 安贫乐道

　　子曰:"贤哉,回也。一箪[1]食,一瓢饮,在陋巷,人不堪其忧[2],回也不改其乐。贤哉!回也。"

——《论语·雍也》

【注释】

　　1. 箪(dān):古代盛饭的竹器,圆形。
　　2. 人不堪其忧:别人都受不了那种穷苦的忧愁。

【译文】

　　孔子说:"颜回真的是个贤人啊,一竹筐饭,一瓜瓢水,住在简陋的巷子里,别人都受不了那穷苦的忧愁,颜回却不改变他自有的快乐。颜回真是个贤人啊!"

【解读】

　　"贤"本来的意思是多才能,多财富。但在儒家看来,能吃得苦,所谓"不戚戚于贫贱,不汲汲于富贵"这也叫贤。贤人不单能干还能耐得住寂寞。所以,孔子这句话是描写颜回的境界。说颜回不改其乐,不是指颜回喜欢过清贫箪瓢陋巷的生活,而是这样贫苦的生活不能改变他的原有心志,他能因此而快乐。颜回在明朝之后能被称作"复圣",是有道理的。

　　大家初中学过陶渊明的《五柳先生传》,陶渊明说自己"环堵萧然,不蔽风日,短褐穿结,箪瓢屡空,晏如也"。住在家徒四壁的屋子里,穿着破烂衣裳,没吃没喝,但感到很快乐。陶渊明的这个快乐就是这种"颜子之乐",

当然孔子在这种环境下也会感到安乐。后来人们将身处贫苦，依然安贫乐道的这种境界称为"孔颜之乐"。

有人会说，箪食瓢饮的这种清贫的生活今天很少人会有了吧，那坚持这种价值观的意义何在呢？今天是物质产品极大丰富的消费主义社会，每一个人都被这股浪潮所席卷，人们都习惯并乐于用物质产品，用奢侈潮牌去定义他人和自我，我们的消费水准决定了我们在社会的地位。资本让我们从消费中获得快乐，甚至从盲目冲动的买买买中获得快乐，人们在疯狂购物刷卡中感到自由。我们消费很多东西不是因为需要，而是因为炫耀。所以面对琳琅满目的物质产品的诱惑，我们的精神不被物质所主宰，不沦为马克思所说的商品拜物教的一员，能够安于箪食瓢饮非物质的享乐，而自有其精神的自由，这是颜回的境界，也是我们今天思考"箪食瓢饮"之乐的意义。

2. 好学不止

哀公问："弟子孰为好学？"孔子对曰："有颜回者好学，不迁怒，不贰过[1]。不幸短命[2]死矣！今也则亡[3]，未闻好学者也。"

——《论语·雍也》

【注释】

1. 不贰过：不再犯同样的过失。
2. 短命：据《史记·仲尼弟子列传》，颜回卒时年仅四十一岁。
3. 今也则亡：现在再没有这样的人了。

【译文】

鲁哀公问："你的学生中，哪个好学？"孔子答道："有一个叫颜回的人好学，不拿别人出气，也不再犯同样的过失。不幸短命死了，现在再没有这样的人了，再也没听过好学的人了。"

子曰："回也，其心三月不违仁，其余则日月至[4]焉而已矣。"

——《论语·雍也》

【注释】

4. 日月至：一日或一月一来，指短时间。

【译文】

孔子说："颜回呀，他的心长久地不离开仁德，别的学生吗，只是短时期偶然想起一下罢了。"

子谓颜渊，曰："惜乎！吾见其进也，未见其止也。"

——《论语·子罕》

【译文】

孔子评价颜渊，说道："可惜呀（他死了）！我只看见他不断地进步，从没看见他停留。"

【解读】

这三则都在讲颜回好学。《论语》中季康子和鲁哀公都问过孔子"弟子孰为好学？"孔子的回答都是颜回。颜回怎么叫好学呢？孔子有六个字的内涵性界定，就是"不迁怒，不贰过"。这里的好学指的还是一种实践行为和心理修养。什么叫迁怒？把这发的脾气挪到别处去，家里生气外头嚷，主子生气骂奴才，做家长的在外面不顺心了，回来骂老婆孩子，这就叫迁怒，也就是说情绪控制不适当。"不贰过"是善于内省、内自讼，也就是说绝不犯两次同样的错误。

孔子还说过颜回这个人的修养功夫可以三个月内心坚持仁道，其他人一天、一周、一个月能想到一次拿仁者的标准要求自己就不错了。这就好比班里同学学习，颜回式的同学能坚持三个月刻苦努力，钻研功课，而很多别的同学只是时不时，隔几天想起来要努力就努力一下。颜回内心对仁道对学习的坚定是无比强大的。

颜回的死，让孔子遭受了很大的打击。孔子甚至发出了"天丧予，天丧予"（《论语·先进》）这样的悲恸。在好学这一点上，没有人能比得上颜回。

颜回死后，孔子时时怀念这个学生，"吾见其进也，未见其止也"，颜回的好学譬如为山，只有前进，没有停止。

3. 回也不愚

子曰："吾与回言终日，不违，如愚。退而省其私，亦足以发，回也不愚。"

——《论语·为政》

【译文】

孔子说："我整天给颜回讲学，他从不提反对意见和疑问，像个蠢人。等他退回去自己研究，却也能发挥，可见颜回并不愚蠢。"

子曰："语之而不惰者，其回也与！"

——《论语·子罕》

【译文】

孔子说："听我说话始终不懈怠的，大概只有颜回一个人吧！"

子谓子贡曰："女与回也孰愈？"对曰："赐也何敢望回？回也闻一以知十，赐也闻一以知二。"子曰："弗如也；吾与女弗如也。"

——《论语·公冶长》

【译文】

孔子对子贡道："你和颜回，哪一个强些？"子贡答道："我么，怎敢和颜回相比？他啦，听到一件事，可以推演知道十件事；我呢，听到一件事，只能推知两件事。"孔子道："不如他呀，我和你都不如他呀！"

【解读】

颜回对夫子是亲师信道的，老师和他哪怕讲了一整天，他也只是笃定地听着并相信，"终日不违，如愚""语之而不惰"，只是默而知之，呆呆的像个蠢人。但颜回却又不是只能被动接受，不知变通。相反，颜回"退而省其私，亦足以发"，对老师的讲授能有所发挥，举一反三。有人认为，"退"的主体是颜回，而"省其私"的主体是孔子，孔子省察他和别人私相讨论，对自己观点能有所发挥。比较起来，"退"和"省"的主语统一起来都理解为颜回更佳。所以，颜回实在是不愚啊。这不仅不愚，而且超出了很多人。

所以孔子有一次问子贡："你跟颜回相比较，你们两个人谁更好一些啊？"孔子这么问，可能是想看看他有没有自知之明，子贡很伶俐，子贡说："我端木赐怎么敢跟颜回相比呢？"子贡说颜回这个人聪明到人家跟他说一他能推出十来，我虽然聪明，但只到人家说一我能推出二来。就像有人说周瑜是十步一计，走十步能想出一个计谋，但诸葛亮是一步十计，这差距立马就显示出来了。子曰"弗如也，吾与女弗如也"，这个"与"字有两种读法，一种读法是我和你都不如；还有一种是说这个"与"读去声，意为赞成，我赞成你说不如。有些人不认同第一种，觉得老师对学生的评价也太高了，连老师都自愧不如。其实，第一种读法恰恰显示出孔子的谦逊，那种本色，不拿架势。在智商上学生超过老师的现象多了去了，韩愈不也说过，"弟子不必不如师，师不必贤于弟子"嘛。用今天的话说，颜回是孔门弟子中第一学霸。

三、勇敢子路

1. 勇猛直率

子谓颜渊曰："用之则行，舍之则藏[1]。惟我与尔有是夫[2]！"子路曰："子行三军，则谁与[3]？"子曰："暴虎冯河[4]，死而无悔者，吾不与也。必也临事而惧，好谋而成者也。"

——《论语·述而》

【注释】

1. 用之则行，舍之则藏：有人用我的话，我就入世去做事，不能用我的话，我就出世隐藏起来。

2. 惟我与尔有是夫：尔指颜渊。大概只有我和你才能这样吧。

3. 子行三军，则谁与：您若率领军队，找谁共事？

4. 暴虎冯（píng）河：暴虎，赤手空拳和老虎搏斗；冯河，不用船只去渡河。比喻鲁莽粗勇的行为。

【译文】

孔子对颜渊说："有人用我的话，我就入世去做事，不能用我的话，我就出世隐藏起来。大概只有我和你才能这样吧。"子路说："您若率领军队，找谁共事？"孔子说："赤手空拳和老虎搏斗，不用船只去渡河，死了都不后悔的人，我才不和他共事呢。（我要和他共事的，）一定是面临大事会恐惧谨慎，善于谋略而能成功的人呢。"

【解读】

史记中记载子路"性鄙，好勇力，志伉直"，见孔子的时候头戴雄鸡式的帽子，佩戴着公猪皮装饰的宝剑，一看孔子文绉绉的，他不喜欢，就欺凌孔子，但经过孔子的礼乐教导，一下子就拜于门下。《论语》短小精悍的文字间不少地方也再现了子路"好勇力"的性格特点。

孔子表扬了颜渊，子路不服气，遭到了老师的讽刺。孔子偏爱颜渊，说"用之则行，舍之则藏"，用行舍藏，有人用我，我就干；没人用我，我就隐。谁能做到这一点？大概只有我和你吧。孔子将学生和自己并列在一起。"用行舍藏"关键在于"藏"，没人用我，或者我的主张得不到任用，怎么办？要能耐得住寂寞，耐得住贫穷。这一点谁可以？箪食瓢饮的颜渊可以，所以孔子表扬他。子路一听老师夸颜渊，当场表示不服，问孔子如果您率领三军，又选择和谁并肩作战呢？子路这个人勇猛啊，他肯定心想，老师得让我去保护他，给他出谋划策，这一句话，把子路夸耀自己勇敢的形象写得跃然纸上。但是孔子的回答却给子路浇了一盆冷水。鲁莽的冒失鬼，我不跟他在一块。如果说什么人才合适，那"必也临事而惧，好谋而成者"，一定是遇事非常小心翼翼，打仗起来要精心策划，事前调查清楚，做好攻略的人。所以，孔子看重的是"谋"，而不是单纯的"勇"，特别是张飞李逵式的匹夫之勇。子路身上是有原始气的勇猛的一面，孔子评价弟子时说子路"由也唁"(《论语·先进》),"唁"就是鲁莽,刚烈的意思。

子曰:"道不行,乘桴¹浮于海。从我者,其由与²?"子路闻之喜。子曰:"由也好勇过我,无所取材。"

——《论语·公冶长》

【注释】

1. 桴(fú):小木筏。
2. 从我者,其由与:跟随我的,恐怕只有仲由吧?

【译文】

孔子道:"主张行不通了,我想坐个木筏到海外去,跟随我的恐怕只有仲由吧!"子路听到这话,高兴得很。孔子说:"仲由这个人太好勇敢了,好勇的精神大大超过了我,这就没有什么可取的呀!"

【解读】

子路是孔子的铁杆粉丝,一直跟着孔子,直到死在孔子之前。老师说,假如哪一天我的理想不能实现,我就乘个小筏子到海上去漂泊,跟着我的只有子路吧。"子路闻之喜",这个"喜"字能看出子路当时那种得意的神情:你看你们听到了吗,老师说到山穷水尽的时候,老师认为能跟他的是我。结果孔子又说:"由也好勇过我,无所取材。""无所取材"这句话的解释有很多种。一种将"材"注解为"哉",意思为"子路没有什么可取的";一种将"材"注释为"裁",意思是"子路不知道裁度事理以适于义";一种将"材"解释是材料,意思则为"没有地方获取桴的材料"。李山老师另外还有一种解释,比较好,孔子认为,我好勇,子路比我还好勇,这就过了,我从他那儿找不到材料。我们说取长补短,我好勇,他比我还好勇,两个勇士出去能干得成事儿吗?孔子说我不需要这样的人,我需要有另外气质的人,不然我就"无所取材"了。孔子与子路的关系,很像《水浒传》中宋江和李逵的关系。宋江经常骂李逵,怒呼铁牛!可宋江骂归骂,心里最喜欢、临死的时候放不下要拉着一起死的还是铁牛,因为宋江经常在铁牛身上看到的是自己,这跟"好勇过我"是一个意思。

2. 真诚守信

  子路有闻,未之能行,唯恐有闻。

——《论语·公冶长》

【译文】

  子路有所闻,还没有能够去做,只怕又有所闻。

  子曰:"片言可以折狱者,其由也与?"子路无宿诺。

——《论语·颜渊》

【译文】

  孔子说:"根据单方面的供述就可以断案的,大概只有仲由吧!"子路从不拖延诺言。

【解读】

  这两句话记录的是子路的行事风格。从前一则可以看出来两点,首先是子路勇于行,是一个实践派。孔子为此还担心子路做事冲劲太足,所以当子路问夫子"闻斯行诸",凡事一听到就行动吗?孔子则劝他先看看父兄的做法,不要那么冲动。第二点,从"唯恐有闻"可以想象出子路鲜明的性格特色。子路在听到一个好的道理后,在把它变成行动之前,他绝对不听第二个道理。这太真挚了,有一种很强和蓬勃的少年气息,如同今天很多男生,这个道理没弄明白,坚决不听第二个道理;这道题没学会,坚决不做第二道题。这里既可以看出子路的真诚、诚恳、热切,又可以看出他的粗陋。

  "片言折狱"今天是一个成语。"片言"就是偏言,半边的话。孔子说只有子路听取片面之词就能判明一个案件。这句话可以理解为是孔子批评子路主观武断,打官司哪能只听单方的言辞呢?还有更好的一种理解是孔子知道因为子路平时与人无欺,信守承诺,所以别人也信服他,不敢欺骗他,所以谁和他说的都是真话,就能以此判案。有的版本《论语》将这一句和"子路无宿诺"分为两则，如果按后一种理解，这两则放在一起是很合适的。所谓"宿诺"就是隔夜的诺言，子路许诺别人什么事一定要当日兑现，用今天的话说子路是一个讲信用的热心肠，答应别人什么就急着一定要做到。

3. 豪爽仗义

子曰："衣敝缊袍[1]，与衣狐貉[2]者立，而不耻者，其由也与？'不忮不求，何用不臧[3]？'"子路终身诵之。子曰："是道也，何足以臧？"

——《论语·子罕》

【注释】

1. 缊袍：以乱麻衬于其中的袍子。缊：乱麻。
2. 狐貉（hé）：指狐貉的皮毛制成的皮衣。
3. 不忮(zhì)不求，何用不臧：出自《诗经·邶风·雄雉》。忮：嫉妒。臧：善、好。

【译文】

孔子说："穿着破旧的袍子，与穿着狐貉裘皮衣服的人站在一起，而不觉得羞耻的，大概只有仲由吧！《诗经》上说：'不嫉妒，不贪求，怎么会不好呢？'"子路听了，从此常常念着这句话。孔子又说："仅仅做到这个样子，又怎么算得上好呢？"

颜渊、季路侍，子曰："盍[4]各言尔志？"子路曰："愿车马、衣轻[5]裘与朋友共，敝之而无憾。"颜渊曰："愿无伐善[6]，无施劳[7]。"……

——《论语·公冶长》

【注释】

4. 盍：何不。
5. "轻"字是衍文，当删去。
6. 伐善：夸耀自己的优点才能。伐：夸耀；善：优点，才能。
7. 施劳：吹嘘张扬自己的功劳。施：张扬；劳：功劳。

【译文】

颜渊、季路在孔子身边。孔子说:"你们为什么不各自谈谈自己的志向?"子路说:"我愿意拿出自己的车马、穿的衣服,和朋友们共同使用,即使用坏了也不遗憾。"颜渊说:"我愿意不夸耀自己的长处,不宣扬自己的功劳。"……

【解读】

《论语》中孔子批评子路的地方多,表扬他的也不少。第一则的叙述很有细节感。颜回安贫,子路这方面的修养也不错。孔子不与"耻恶衣恶食者"为同道,子路衣衫褴褛与穿皮袍子的站在一起,却丝毫不有愧色,不觉得低人一等,孔子很赞赏他的这种不以富贵动心的志向,并引诗称赞子路不嫉妒,不贪求。结果子路爽直,把这句诗颠来倒去地反复念叨。这里可以看出子路和颜回的一个区别。颜回"不伐善",但子路有点自鸣得意,所以孔子说,就这点方面,有什么值得你觉得好的呢?"何足以臧"显然是孔子顺着上面的"何用不臧"而说的,话里对子路是有调侃意味的。

在谈及自己志向的时候,子路更是不掩饰性格中豪爽直率的一面,他愿意与朋友分享自己的车马衣裘,相比于交友之乐,物质上的损失算不了什么。

四、聪明子贡

1. 举一反三

子贡曰:"贫而无谄,富而无骄,何如?"子曰:"可也;未若贫而乐,富而好礼者也。"

子贡曰:"《诗》云:'如切如磋,如琢如磨[1],其斯之谓与[2]?"子曰:"赐也,始可与言《诗》已矣,告诸往而知来者[3]。"

——《论语·学而》

【注释】

1. 如切如磋,如琢如磨:《诗经·卫风·淇奥》:"瞻彼淇奥(yù),绿竹猗猗。有匪君子，如切如磋，如琢如磨。"本来指把骨头、象牙、玉石、石头等加工制成器物的动作。形容文采好，有修养。

2. 其斯之谓与：那就是这样的意思吧？

3. 告诸往而知来者："往"，过去的事，这里譬喻已知的事；"来者"，未来的事，这里譬喻未知的事。

【译文】

子贡说："贫穷却不巴结奉承，有钱却不骄傲自大，怎么样？"孔子说："可以了；但是还不如虽贫穷却乐于道，纵有钱却谦虚好礼哩。"

子贡说："《诗经》上说：'要像对待骨、角、象牙、玉石一样，先开料，再糙锉，细刻，然后磨光。'那就是这样的意思吧？"孔子道："赐呀，现在可以同你讨论《诗经》了，告诉你一件，你能有所发挥，举一反三了。"

【解读】

子贡擅长"言语"一科，这一章是师徒两人在谈《诗经》，谈人生，把文学和做人联系起来，互相阐发。儒家往往把文学和哲学人生联系在一起。子贡是孔门最有钱的学生，是个买卖人，是个儒商。他问孔子，一个人贫穷但不谄媚，富了不骄傲，这怎么样？孔子说，可以，行，但不是最高。这比不了什么呢？比不了不贫困而不失欢乐，富贵了要好礼法。好礼法就是按照社会规则办事情。光不骄傲太低了，还要按照社会礼法做事，符合社会准则。孔子提出了高标准，子贡就另外联想到《诗经》中的一个句子："如切如磋，如琢如磨。""切磋、琢磨"就来自这，我们现在说"切磋切磋"。古人制作象牙、制作玉器等都有工具，有切有磋有琢有磨，尤其玉器，它的硬度仅次于金刚石。所以去商店买玉器，拿根钥匙一划，一般的玉器就有印迹了，而好的玉器纹丝不动。所以玉器就需要磨，也就是不断精益求精。"其斯之谓与"，"斯"指的就是这几句诗，这几句诗说的就是这个意思吧？也就是说我们不断地修养自己，严格要求自己，高标准要求自己。

子贡把《诗经》中的句子跟人生联系起来了，这就是儒家读诗，儒家读诗不像我们今天读诗，追求这个诗的本义，追求诗的时代背景。他追求的是感悟，读文学作品能感悟到人生，这种态度是最适合我们日常读书的。孔子说，可以和子贡读《诗经》了，告诉他一点事，他可以跨越性、跳跃性、展开性联想，能想到别的，这个学生聪明。举一反三，由此及彼，跨越性思维，人类所有创新性思维都是跨越性的，想到这个突然联想到另外一个，事物间的联系被他感悟到了，这就是直觉，就是灵感爆发。

2. 擅长经商

子曰："回也其庶乎，屡空。赐不受命[1]而货殖焉，亿[2]则屡中。"

——《论语·先进》

【注释】

1. 受命：不同意见较多。一说不受天命，一说不受公家之命。这里从杨逢彬的解释为："子贡不能很好领会孔子教给他的。"

2. 亿：猜度。

【译文】

孔子说："颜回的学问道德差不多了吧，可是常常穷得没有办法。端木赐不能完全领会我的学说，而去囤积投机，猜测行情，竟每每猜对了。"

子贡问曰："赐也何如？"子曰："女，器也。"曰："何器也？"曰："瑚琏[3]也。"

——《论语·公冶长》

【注释】

3. 瑚琏：宗庙中盛黍稷的器具，贵重而华美。

【译文】

子贡问道："我是一个怎样的人？"孔子道："你好比是一个器皿。"子贡道："什么器皿？"孔子道："宗庙里盛黍稷的瑚琏。"

【解读】

子贡后来被称为儒商始祖,成为民间信奉的财神,因为他善货殖。第一则孔子评价颜回和子贡,说颜回道德学问不错,但不免陷入贫困;而子贡虽然不听讲,但资质聪颖,猜物价行情总是能猜对。孔子未必欣赏子贡不守士业,反而从商,违背了士农工商各司其职的原则,但对他的经商能力还是惊叹的。

第二则,子贡想知道夫子如何评价自己,因为在《论语》原文这一则之前,孔子一连评价了公冶长、南宫适和宓子贱三人,评价都很高,所以子贡主动发问了。孔子说你是个器皿,子贡追问后又回答,你是瑚琏这样的器皿。孔子这像是打谜语了,这评价到底高不高呢?有学者说这是孔子对子贡开玩笑的戏辞,瑚琏是专门盛黍稷的,说他是瑚琏,就像今天骂人饭桶。另一种说法,孔子评价子贡是个器具,容易让人联想起"君子不器",但瑚琏这个器是个尊贵而华美的装粮食的器具。子贡擅长外交经商,主要精力不是致力于道德,没有达到"道"的标准,虽然是重器,但毕竟不是特别高的评价。钱穆先生则认为读这章"不当牵引君子不器章为说",就是称赞子贡是有用的人才,而且是庙堂之才。

五、评价诸子

子贡问:"师[1]与商[2]也孰贤?"子曰:"师也过,商也不及。"曰:"然则师愈与?"子曰:"过犹不及。"

——《论语·先进》

【注释】

1. 师:颛孙师,即子张。
2. 商:卜商,即子夏。

【译文】

子贡问孔子:"颛孙师(子张)和卜商(子夏)两个人,谁强一些?"孔子道："师呢，有些过分；商呢，有些赶不上。"子贡道："那么，师强一些吗？"孔子道："过分和赶不上同样不好。"

【解读】

过犹不及，我们今天经常说，好像什么领域都能说。这一章中孔子说的"过犹不及"应专指待人接物上，"过"和"不及"一样都是不合于中庸之道的。

季康子问："仲由可使从政也与？"子曰："由也果，于从政乎何有[1]？"曰："赐也，可使从政也与？"曰："赐也达，于从政乎何有？"曰："求也，可使从政也与？"曰："求也艺，于从政乎何有？"

——《论语·雍也》

【注释】

1. 何有：有什么困难。

【译文】

季康子问孔子："仲由这人，可以使用他治理政事吗？"孔子道："仲由果敢决断，让他治理政事有什么困难呢？"又问："端木赐可以使用他治理政事吗？"孔子道："端木赐通情达理，让他治理政事有什么困难呢？"又问："冉求可以使用他治理政事吗？"孔子道："冉求多才多艺，让他治理政事有什么困难呢？"

孟武伯问："子路仁乎？"子曰："不知也。"又问。子曰："由也，千乘之国，可使治其赋[2]也，不知其仁也。""求也何如？"子曰："求也，千室之邑、百乘之家，可使为之宰[3]也，不知其仁也。""赤也何如？"子曰："赤也，束带立于朝，可使与宾客言也，不知其仁也。"

——《论语·公冶长》

【注释】

2. 赋：兵赋，这里指军政工作。

3. 宰：一县之长和大夫家的总管都称为"宰"。

【译文】

孟武伯问："子路算得上仁吗？"孔子说："不知道。"孟武伯又问一遍。孔子说："仲由啊，一个具备千辆兵车的大国，可以让他去负责军事。至于他是否仁，我就不知道了。""冉求怎么样？"孔子说："求呢，一个千户规模的城邑，一个具备兵车百辆的大夫封地，可以让他当总管。至于他是否仁，我就不知道了。""公西赤怎么样？"孔子说："赤呢，穿上礼服，站在朝廷上，可以让他和宾客会谈。至于他是否仁，我就不知道了。"

【解读】

这两则都是孔子对他人询问有关几个学生相同问题的回答。季康子询问孔子三个学生的从政才能。每一个人都有自己天生的气质，有人偏忠厚、有人偏机灵、有人偏鲁莽好勇。"勇"是子路的天生气质，但是这一则孔子评价弟子时，没有说子路好勇，而说他"果"，说他果敢。由"勇"上升到"果敢"，这就是新品质的诞生。经过一番教育能够自己把握自己的人生，再将勇发展成果，这就是自觉的人生。说到赐，子贡，他的品质是"达"，练达，子贡聪明伶俐，子贡的天性是什么样，《论语》没有清楚地交代，但是"练达"，也是经过一番学习以后变得很老练，这样从政来说对他有什么难度吗？再说求，冉有，孔子说他多才多艺，对从政来说什么问题也都没有。

孟武伯询问子路、冉有、公西华是否能称得上是仁者。孔子说子路"千乘之国"可以让他负责军事；冉有"千室之邑，百乘之家"可以做宰；公西华穿上礼服，站在朝廷上，可以让他和宾客会谈，很好地完成礼仪工作，但对于他们是否是一个仁者的问题都不给予肯定回答。由此看出，孔子标准中，称职的官员不一定是仁者，仁者一定要有超过称职标准的贡献。

从孔子这两番对答，我们也可以感受到，孔子晚年应该有一种幸福感，他教育出一大批合格的人才，找到自己合适职业且都能干得很好。《左传》也记载，到了鲁哀公时期，很多孔子的学生活跃在鲁国和其他国家的政坛上。到了春秋战国时期大量的士人游走于天下，这个风尚应该说从孔子这帮门徒开始，孔子弟子子夏教魏文侯，结果曾子的学生、子贡的学生都来到魏文侯这儿，这就是游士之风。孔子他作为一个教育家晚年是幸福的。

六、孔门主要弟子

	论语中习见的称呼	名字、籍贯、年岁	相关事例
1	颜渊	颜回，字子渊，鲁人，少孔子三十岁。	1. 与父亲颜路同事孔子。 2. 敏而好学，闻一知十，不迁怒，不贰过，安贫乐道。 3. 后世尊为复圣。
2	宰我	宰予，字子我，鲁人，年岁无可考。	1. 善为说辞，深于自信。仕齐，为临淄卫大夫。 2. 曾因昼寝，被孔子责以"朽木不可雕也，粪土之墙不可朽也"。
3	仲弓	冉雍，字仲弓，鲁人，少孔子二十九岁。	1. 气量宽宏，沉默厚重，有人君的气度。 2. 孔门四科中与颜渊、闵子骞、冉伯牛并列德行科。
4	子贡	端木赐，字子贡，卫人，少孔子三十一岁。	1. 有口才，能料事。尝游说吴出师抗齐以存鲁，为外交家。 2. 善货殖，在群弟子中，以富见称。 3. 与宰我并言语科。
5	冉有	冉求，字子有，鲁人，少孔子二十九岁。	1. 性谦退，有才艺，擅政事。 2. 仕为季氏宰，尝率师抗齐，有战功；但为季氏聚敛，孔子斥之，劝其他弟子鸣鼓而攻之。
6	季路	仲由，字子路，又称季路，鲁人，少孔子九岁。	1. 性率直，好勇有政才，志高重信。 2. 曾为季氏宰、蒲邑大夫。任卫大夫孔悝邑宰时，遇篡乱被害。 3. 与冉有并列政事科。
7	子游	言偃，字子游，吴人，少孔子四十五岁。	1. 性简约疏阔，熟悉礼乐。 2. 曾为武城宰，行礼乐之教。孔子莞尔曰："割鸡焉用牛刀。"

(续表)

	论语中习见的称呼	名字、籍贯、年岁	相关事例
8	子夏	卜商，字子夏，晋国温人，少孔子四十四岁。	1. 曾任鲁国的莒父宰，晚年设教于西河之上，为魏文侯师。 2. 与子游同列文学科。
9	曾参	曾参，字子舆，鲁人，少孔子四十六岁。	1. 与父曾点皆师事孔子。 2、事亲至孝，性鲁钝，但志向坚毅。相传作《孝经》《大学》。后世尊其为宗圣。
10	子张	颛孙师，字子张，陈人，少孔子四十八岁。	1. 仪表堂堂，才貌过人。志概高远，好学善问。 2. 尊贤嘉善，犯而不校，特重修身立命之大节。
11	公西华	公西赤，字子华，鲁人，少孔子四十二岁。	熟悉礼仪，长于外交，可束带立于朝，与宾客言。
12	樊迟	樊须，字子迟，鲁人，少孔子三十六岁。	长于武艺，有战功，具好问、好学的精神。曾向孔子请学关于种植五谷、蔬菜的方法，孔子认为他志向不够远大。
13	司马牛	司马耕，字子牛，宋人，年岁无可考。	世家贵族，其兄为宋司马桓魋，后桓魋作乱，司马牛有"人皆有兄弟，我独亡"的感叹。其人性格焦急，但笃于兄弟之情。
14	有子	有若，字子有。鲁人，少孔子四十三岁。	孔子卒后，门人曾以有若貌似圣人，欲以事孔子之礼事之。
15	曾点	曾子之父，名点，字皙。鲁人，年岁无可考。	胸怀洒脱，深受孔子叹赏。

引自中华书局：《中华文化基础教材（高一年级下）》，第93—94页，有删改。

▍问题与讨论

1. 读了《论语》，在孔子的众弟子之中，你喜欢颜回，还是曾参，或者其他哪位？请选择一位，为他写一段评语。（2018高考北京卷）

2. 子曰："回也非助我者也，于吾言无所不说。"（《论语·先进》）

这是孔子评价颜回的一句话，你觉得孔子这句话是表扬还是批评？结合关于颜回的章则，你觉得颜回这样的弟子在今天是一个好学生吗？

3. 孔子对诸弟子的评价，有一些句子成了可以脱离当时语境的名言，说说你对下列名言的理解。

①评价闵子骞："夫人不言，言必有中。"

原句：鲁人为长府，闵子骞曰："仍旧贯如之何？何必改作？"子曰："夫人不言，言必有中。"（《论语·先进》）

②评价冉有："君子周急不继富。"

原句：子华使于齐，冉子为其母请粟，子曰："与之釜。"请益，曰："与之庾。"冉子与之粟五秉。子曰："赤之适齐也，乘肥马，衣轻裘。吾闻之也，君子周急不继富。"（《论语·雍也》）

③评价子游："割鸡焉用牛刀？"

原句：子之武城，闻弦歌之声。夫子莞尔而笑，曰："割鸡焉用牛刀？"子游对曰："昔者偃也闻诸夫子曰：'君子学道则爱人，小人学道则易使也。'"子曰："二三子，偃之言是也！前言戏之耳。"（《论语·阳货》）

④评价宰我："朽木不可雕也……"

原句：宰予昼寝，子曰："朽木不可雕也，粪土之墙不可杇也，于予与何诛？"子曰："始吾于人也，听其言而信其行；今吾于人也，听其言而观其行。于予与改是。"（《论语·公冶长》）

⑤评价申枨："枨也欲，焉得刚？"（无欲则刚）

原句：子曰："吾未见刚者。"或对曰："申枨。"子曰："枨也欲，焉得刚。"（《论语·公冶长》）

第十讲

"老者安之，朋友信之，少者怀之"：孔子是个大生命

孔子好学不厌、诲人不倦，被后世尊称为"至圣先师""万世师表"，他在教育对象上提倡有教无类，教育方法上因材施教，注重启发与类推，这些原则对我们仍有极大的参考价值。孔子之为人，有关怀世人，兼善天下的情怀；有修德进业，诲人不倦的志向；有安贫乐道，发愤好学的品格。孔子本不是高高在上的圣人，他热爱生活，富有情趣，喜怒如常，但他身上又有着圣贤的胸襟气象。在弟子眼中夫子是高墙，是日月，"其生也荣，其死也哀"。他兼具仁、勇、智三德，胸怀抱负，求主待贾，知其不可为而为之，他是我们民族文化源流的创造者，是个蓬勃的大生命。

本讲介绍作为师者与学者的孔子。包括孔子的教育方法、孔子的为人为学、孔子的自述以及孔子弟子对夫子的评价几个方面。

【说文解字】

教，会意。从攴（pū），从孝，孝亦声。"攴"，篆体像以手持杖或执鞭。古代社会，统治者要靠鞭杖来施行他们的教育、教化。本义：教育，指导。

育，会意。甲骨文字形，像妇女生孩子。上为"母"及头上的装饰，下为倒着的"子"。

第十讲 "老者安之，朋友信之，少者怀之"：孔子是个大生命

一、孔子论教

1. 有教无类

子曰："有教无类。"

——《论语·卫灵公》

【译文】

孔子说："人人我都教育，没有（贫富、地域等）区别。"

子曰："自行束脩以上[1]，吾未尝无诲焉[2]。"

——《论语·述而》

【注释】

1. 自行束脩（xiū）以上：脩：干肉，又叫脯；十脯叫一脡，十脡为一束；束脩：古代用来初次拜见的薄礼。这句话的意思是，只要是主动地给我一点见面薄礼。

2. 吾未尝无诲焉：我从没有不加以教导的。焉，指自行束脩以上之人。

【译文】

孔子说："只要是主动地给我一点见面薄礼，我从没有不教诲的。"

【解读】

西周时期的教育依然以贵族教育为主，平民是很难进入官办学校学习的。到了东周，战乱频仍，礼乐崩坏。周王失去了对全国的控制，全国范围内统一的制度开始崩解，诸侯开始为政一方。为了培养本国人才，诸侯纷纷设立自己的官学，孔子之前"学在王官"的现象被打破，社会的政治经济和文化教育都在下移，为私人办学提供了机会。孔子正是抓住了这一机会，开始了其创办私学的职业生涯，希望通过兴办教育来培养"贤才"和官吏，以实现其政治思想。"有教无类"的意思是无分贵族与平民，不分国界与华夷，只

要有心向学,都可以入学受教。孔子弟子三千来自鲁、齐、晋、宋、陈、蔡、秦、楚等不同国度,这不仅打破了当时的国界,也打破了当时的夷夏之分。孔子弟子有来自贵族阶层的,如南宫敬叔、司马牛、孟懿子;也有很多的是来自平民家庭,如颜回、曾参、闵子骞、仲弓、子路、子张、子夏、公冶长、子贡等。而平民教育更能体现孔子"有教无类"的精神实质。

孔子说"自行束脩以上,吾未尝无诲焉"。这句中"束脩"理解上有歧义,一种理解认为,"束脩"指十条干肉。有人觉得孔子收学费,有悖于有教无类的理想,其实"束脩"只是一种薄礼,象征着执礼者的诚敬。只要有求学的真诚意愿,孔子就愿意不倦地去教诲。"自行"二字看重的是学生自动自发的向道之诚。还有另一种理解,"束脩"指束发修身,或者行束带修饰之礼,穿上成人衣服,表明了自己有拜师学礼的意思,这么理解就是表明到了一定年龄,有了基本的生活自理能力的求学者,孔子是不会拒绝的。后一种理解是有文献依据的,且更能体现孔子有教无类的万世师表形象。

互乡难与言,童子见,门人惑。子曰:"与其进也,不与其退也,唯何甚?人洁己以进,与其洁也,不保其往也。"

——《论语·述而》

【译文】

互乡这地方的人难以同他们交谈,孔子却接见了互乡的一个童子,弟子们都觉得疑惑。孔子说:"我是赞成他求上进,不赞成他退步,何必做得太过呢?别人修饰容仪而来要求上进,就应该赞成他的这种做法,而不要总是抓住他的过去不放。"

【解读】

这一则是孔子践行"有教无类"的一个小案例。对于难以相处的人,或者有不好过往的,有黑历史的人,一个教育者该怎么对待他?互乡这个地方的人难以与之交往,但孔子却接见了从那儿来的一个小孩。孔子曾经说过:"可与言而不与之言,失人;不可与言而与之言,失言。知者不失人亦不失言。"(《论语·卫灵公》)大概弟子们觉得孔子此行失言,所以非常不解。孔子则认为教化之道,助人进步,不助人退步。一个人想追求进步,或者洗心革面,你就应该帮他,来者不拒,至于他过去是什么样是不必那么在意的。一个人曾经的错误可能会引起别人异样的眼光,但对于教育者来说,他应该怀有治病救人的职业精神,从这里可以看出孔子宽容的师者仁心,不去排斥任何一个此刻向善的受教者。

2. 因材施教

子路问:"闻斯行诸[1]?"子曰:"有父兄在,如之何其闻斯行之[2]?"

冉有问:"闻斯行诸?"子曰:"闻斯行之。"

公西华[3]曰:"由也问闻斯行诸,子曰,'有父兄在';求也问闻斯行诸,子曰,'闻斯行之'。赤也惑,敢问。"子曰:"求也退[4],故进之;由也兼人[5],故退之。"

——《论语·先进》

【注释】

1. 闻斯行诸:听到就行动起来吗?
2. 如之何其闻斯行之:怎么能听到就行动起来?
3. 公西华:姓公西,名赤。鲁人,少孔子四十二岁。
4. 退:(做事)退缩。
5. 兼人:胜人,(胆量)有两个人的大。

【译文】

子路问:"凡事一听到就行动吗?"孔子说:"父亲和兄长都在,怎么能听到就行动呢?"

冉有问:"凡事一听到就行动吗?"孔子说:"一听到就行动。"

公西华说:"仲由问'一听到就行动吗',您说'父亲和兄长都在,怎么能一听到就行动呢';冉求问'一听到就行动吗',您说'一听到就行动'。我有些糊涂了,斗胆想问问您。"孔子说:"冉求平日做事退缩,所以我激励他；仲由好勇胜人，所以我要压压他。"

【解读】

这一则是孔子根据弟子不同的性格因材施教。

子路和冉有问同样的事，孔子的回答不一样，公西华感到困惑不解。他问孔子为什么会有不同，孔子说这是因为，冉求胆小，爱往后缩，所以要推他一把；但子路胆大，爱往前冲，所以要把他往回拉。韩愈，字退之，就取名于此。有个成语叫"佩韦佩弦"，原指西门豹性急，佩韦自戒；董安于性缓，佩弦自戒。西门豹为战国时魏人，在邺令任上，他惩治借祭河神而残害民女搜刮民财的地方污吏及巫婆等，大快人心，表现出疾恶如仇、刚烈耿介的性格。为告诫自己少犯性急之病，他身佩牛皮以自警。董安于为春秋末晋国五卿之一赵鞅的家臣。他擅长建筑，原晋阳城就是他设计并督造。自以为性情舒缓，故佩弓弦在身以自励。辅佐赵氏十几年，后在晋国内乱中为保国家安定而自缢身亡。朱自清字"佩弦"，大概就是取其意。

3. 启发教学

子曰："不愤[1]不启[2]，不悱[3]不发[4]。举一隅[5]不以三隅反，则不复也。"

——《论语·述而》

【注释】

1. 愤：愤懑，心求通而未得。
2. 启：开启、开导。指开导使其通达。
3. 悱（fěi）：口欲言而未能。
4. 发：引发，引发其言辞使其能表达。
5. 隅：角，方面。

【译文】

孔子说："教导学生，不到他想求明白而不得的时候，不去开导他；不到他想说出来却说不出的时候，不去启发他。教给他东方，他却不能由此推知西、南、北三方，便不再教他了。"

第十讲 "老者安之，朋友信之，少者怀之"：孔子是个大生命

【解读】

这一章是孔子自述其教学方法，孔子不搞填鸭式教学，而是注重对学生的开导和启发。但注意，开导启发的前提是学生要有愤悱之情。学生在思考一个问题的时候，如果想不出答案，这时候心里着急，这就是"愤"，很愤懑。孔子很懂教育心理学，这个时候点拨他一下，学生可能一下就能明白。还有一种情况，就是心里可能想明白，但是口头表达不清楚，这时去引导他，效果会很好。孔子不搞"满堂灌"，但也要强调学生必须先有主动求知的动机，然后去启发他，让学生发挥自己的主观能动性，调动学生的主体精神，自己探索，老师在那儿点拨，这就是启发式教学。禅宗里边也有这样一个故事可以拿这个比喻。老和尚教小和尚说"啐啄同时"。比如老母鸡孵小鸡，相当于一个老师教育学生的过程。老母鸡孵小鸡等到小鸡要往外拱的时候，拱拱它拱不出来，它劲儿小它拱不破那鸡蛋皮，老母鸡啪的一下把蛋壳凿一个小眼儿，小鸡就出来了。这叫"啄"和"啐"同时。里边"啄"，外边"啐"。啄啐同时，这个就是"不愤不启，不悱不发"。"举一隅不以三隅反，则不复也。"意思就是，桌子有四个角，我举了一个，你应该猜到桌子还有其他三个角。强调学生应该能举一反三。这仍然是调动学生的主观想象、主观能动性。

颜渊喟然叹曰："仰之弥高，钻之弥坚。瞻之在前，忽焉在后。夫子循循然善诱人，博我以文，约我以礼，欲罢不能。既竭吾才，如有所立卓尔[1]。虽欲从之，末由也已[2]。"

——《论语·子罕》

【注释】

1. 如有所立卓尔：好像有一个高大的东西立在我面前。卓尔：高的样子。
2. 末由也已：没有道路可通。由：道路。

【译文】

颜渊感叹着说："老师之道，越抬头看，越觉得高；越用力钻研，越觉得

深。看看，似乎在前面，忽然又到后面去了。（虽然这样高深和不容易捉摸，可是）老师善于有步骤地诱导我们，用各种文献来丰富我的知识，又用一定的礼节来约束我的行为，使我想停止学习都不可能。我已经用尽我的才力，老师好像又卓然有所建树。要想再向前迈进一步，又不知怎样着手了。"

子曰："吾有知乎哉？无知也。有鄙夫问于我，空空如也。我叩其两端³而竭焉。"

——《论语·子罕》

【注释】

3. 叩其两端：叩：询问。两端：事情的始末。

【译文】

孔子说："我有知识吗？没有知识。有一个农夫来问我，我对他谈的问题本来一点也不知道。我从他所提问题的正反两头去探求（才领会到很多意思），尽了我的力量来帮助他。"

【解读】

"循循善诱"在今天是一个固定的成语了，是颜回对孔子教育方式的评价。颜回对老师的学问和育人方式有着极高的评价。说孔子的学问不可捉摸，博大精深，越钻研越觉得深不可测，神龙见首不见尾。同时说孔子在教育上善于有步骤地引导别人，这也是一种启发式教学。

孔子举了一个例子，表明他获得知识，以及帮助别人获得知识靠的都是启发和诱导。孔子先承认自己是没有知识的，有一个没什么文化的人问他一个问题，孔子感觉自己对此一无所知，空空如也，大脑一片空白。但他并没有放弃，而是就这件事的本末去询问他，按着一件事的正反逻辑去推测，竭尽他的能力来解决问题。这是孔子自己弄懂一个问题的方式，也是他帮助他人获得知识的方式。在这一点上有点像苏格拉底所说的"精神助产术"，是他在演讲辩论的时候常用的方法，讨论某个问题的时候通过比喻、启发等手段，用发问与回答的形式来引导对象说出答案。

二、孔子为人

子绝四：毋意[1]，毋必，毋固，毋我。

——《论语·子罕》

【注释】

1. 意：通"臆"，臆测。

【译文】

孔子一点也没有四种毛病：不悬空揣测，不绝对肯定，不拘泥固执，不唯我独是。

子不语："怪、力、乱、神。"

——《论语·述而》

【译文】

孔子不谈怪异、勇力、叛乱和鬼神。

季路问事鬼神。子曰："未能事人，焉能事鬼？"曰："敢问死？"曰："未知生，焉知死？"

——《论语·先进》

【译文】

子路问服事鬼神的方法。孔子道："活人还不能服事，怎么能去服事死人？"子路又道："我大胆地请问死是怎么回事。"孔子道："生的道理还没有弄明白，怎么能够懂得死？"

【解读】

这三则讲的是孔子弃绝和不愿谈论的事情。

孔子弃绝的是意、必、固、我四种毛病。毋意（臆），就是真实情况出来前不妄加猜测，讲求的是客观；毋必，就是不对未来做某种必然的期望，比如"用之则行，舍之则藏"，讲求的是通达；毋固，就是对一件事不冥顽不化，固执己见，"无适也，无莫也"，讲求的是灵活；毋我，就是不唯我独尊，不自以为是，讲求的是开放，重视他人的意见。客观、通达、灵活、开放的处事观念是需要修养而成的。

孔子不谈论鬼神、人死之后等渺茫不可知的事情。怪力乱神，具体来说，"怪"是指超自然，反自然的各种奇迹；"力"是指暴力逞强，以力服人；"乱"是指犯上作乱，有悖常理；"神"是指鬼神之事。古人注解"圣人语常而不语怪，语德而不语力，语治而不语乱，语人而不语神"。对于神秘奇迹，超现实魔力等非理性的东西，孔子等儒者从来是避而不谈，也不信任的，这对中国文化注重实用理性，不作无益无用思辨性讨论影响极为深远。孔子不谈论鬼神和死后的事，只重视人生即此生，一个世界观，不像基督教信徒信仰死后上天堂或者下地狱，或者佛教讲求彼岸世界，六道轮回。儒家只强调现世世界，对超越此生此世的问题，一贯存而不论。子贡也说过"夫子之言性与天道，不可得而闻也"（《论语·公冶长》）。孔子对六合之外的事情，一概存而不论。儒家只讲对现世德业的不修，不讲对死亡的恐惧。这导致中国人极不擅长抽象逻辑思辨，不关注形而上的命题，中国的哲学多为伦理道德哲学，缺乏西方思辨哲学。

厩焚。子退朝，曰："伤人乎？"不问马。

——《论语·乡党》

【译文】

孔子的马棚失了火。孔子从朝廷回来，道："伤了人吗？"不问到马。

【解读】

厩是养马的地方，厩焚，一说是国厩被烧了，一说孔子家的私厩被烧了，孔子退朝回来，知道此事问有没有伤到人，没有问马。"伤人乎？"十分生动地勾勒出孔子以人为本的形象。朱熹对此的解释是，孔子"非不爱马，然恐伤人之意多，故未暇问"。结合社会现实来读这一则，今天社会有多少"问马不问人"的事情呢？大马路上，两车相撞，很多人先关心的是自己的车子被撞坏了没有。房子起火了，先问的是有没有把重要财产抢救出来，对人反而不闻不问。这些都是值得我们深省的。

据说某地城中一座山头的一片林子里有一片百余亩的宠物墓地，墓碑上，还有宠物狗的昵称、生卒年月、主人姓名、立碑时间，等等，"完全比照人的墓碑来"。现在自媒体中有不少靠宠物吃播，尤其是吃大量高档食材博取眼球的视频，虽说这些主人的行为都是合理合法的，宠物的可爱也为视频博取了很高的流量，但总有人会觉得观感不适，这种感受大概和孔子"伤人乎？不问马"类似。人类是万物之首，中国尚有人为物质生活甚至生存发愁，这种宠物大吃大喝与孟子所说的"野有饿莩，厩有肥马"的现实类似，都是反以人为本的。

不过，这句话还有一种解释，有人给这句话重新断句。曰："伤人乎？""不。"问马。那这句话的意思就是，孔子退朝回家，问道："伤了人吗？"（回答说：）"没有。"接着询问马的情况。那这么解释，孔子的精神就更加博大了，不是狭隘的人类中心主义的了。此外，还有一种解释，将"不问马"的"不"，解释为"后"。那这句话的意思，就是孔子先问人，后问马，与第一种相比，孔子的人本主义弱了一点。

子路、曾皙、冉有、公西华侍坐。子曰："以吾一日长乎尔，毋吾以也。居则曰'不吾知也！'如或知尔，则何以哉？"

子路率尔而对曰："千乘之国，摄乎大国之间，加之以师旅，因之以饥馑，由也为之，比及三年，可使有勇，且知方也。"夫子哂之。

"求！尔何如？"对曰："方六七十，如五六十，求也为之，比及三年，可使足民。如其礼乐，以俟君子。"

"赤！尔何如？"对曰："非曰能之，愿学焉。宗庙之事，如会同，端章甫，愿为小相焉。"

"点！尔何如？"鼓瑟希，铿尔，舍瑟而作，对曰："异乎三子者之撰。"

子曰："何伤乎？亦各言其志也。"曰："暮春者，春服既成，冠者五六人，童子六七人，浴乎沂，风乎舞雩，咏而归。"夫子喟然叹曰："吾与点也！"

三子者出，曾皙后。曾皙曰："夫三子者之言何如？"子曰："亦各言其志也已矣。"曰："夫子何哂由也？"曰："为国以礼，其言不让，是故哂之。""唯求则非邦也与？""安见方六七十、如五六十而非邦也者？""唯赤则非邦也与？""宗庙会同，非诸侯而何？赤也为之小，孰能为之大？"

——《论语·先进》

【译文】

子路、曾皙、冉有、公西华四个人陪着孔子坐着。孔子说道："不要因为我比你们年长一点，就显得拘谨约束。你们平日说：'人家不了解我呀！'假若有人了解你们，那你们怎么办呢？"

子路不加思索地答道："一千辆兵车的国家，局促地处于几个大国的中间，外面有军队侵犯它，国内又加以灾荒。我去治理，等到三年光景，可以使人人有勇气，而且懂得礼法。"孔子微微一笑。

又问："冉求！你怎么样？"答道："国土纵横各六七十里或者五六十里的小国家，我去治理，等到三年光景，可以使人人富足。至于修明礼乐，那只有等待贤人君子了。"

又问："公西赤！你怎么样？"答道："不是说我已经很有本领了，我愿意边做边学习。祭祀的工作或者同外国盟会，我愿意穿着礼服，戴着礼帽，做一个小司仪。"

又问："曾点！你怎么样？"他弹瑟正近尾声，铿的一声把瑟放下，站了起来答道："我的志向和他们三位所讲的不同。"孔子道："那有什么妨碍呢？正是要各人说出自己的志向啊！"曾皙便道："暮春三月，春天衣服都穿定了，我陪同五六位成年人，六七个小孩，在沂水旁边洗洗澡，在舞雩台上吹吹风，一路唱歌，一路走回来。"孔子长叹一声道："我赞同曾点的主张呀！"

子路、冉有、公西华三人都出来了，曾皙后走。曾皙问道："那三位同学的话怎样？"孔子道："也不过各人说说自己的志向罢了。"曾皙问："您为什么对仲由微笑呢？"孔子道："治理国家应该讲求礼让，可是他的话却一点不谦虚，所以笑笑他。"曾皙道："难道冉求所讲的就不是国家吗？"孔子道："怎样见得横纵六七十里或者五六十里的土地就不够是一个国家呢？"曾皙道："公西赤所讲的不是国家吗？"孔子道："有宗庙，有国际的盟会，不是国家是什么？如果他只做一小司仪，又有谁来做大司仪呢？"

【解读】

这是整部《论语》中最长篇幅的一则，也是少有的细节描写生动，极具文学性的一则。除了对子路等孔门弟子的性情有了惟妙惟肖的刻画，这一则也很好地展现了孔子的圣贤气象。全文呈现了孔门的一堂"班会课"的状态，子路、曾皙、冉有、公西华四人按照年齿排序，子路最长，公西华最幼，依次在尊长旁边陪坐。整堂课的流程可以概括为"一问、四答、一点评"。

孔子先开口，"以吾一日长乎尔，毋吾以也"。"毋吾以也"一般有两种理解方式。一种理解为"毋以吾也"，即不要因为我之年长而退让不敢言，不要把我当回事。另一种，把"以"理解为"用"，意思是因为我年纪比你们大一点，（老了）没有人以（用）我了。两种理解各有千秋，均能体现孔子形象的一个侧面。前者孔子鼓励大家畅所欲言，不要拘谨，和上下文连接紧密，更突出孔子的谦和的姿态和宽松的讨论氛围。后者和"以吾一日长乎尔"关联似不太紧密，但隐含孔子感叹自己年长，不会再被重用，但你们还年轻，还有机会的潜台词，更能突出孔子年老不得志的形象。这里我们更倾向于前一种解释。

接着孔子抛出了班会的主题：谈志向理想。平日里，孔门弟子少不得在老师面前感慨没有人重用我，没有了解我。为此孔子也的确给出了"不患人之不己知，患不知人也""不患人之不己知，患其不能也""人不知而不愠，不亦君子乎？"类似的安慰。所以，如果有人知你用你，你打算做什么，或用什么来治理国家？

子路"率尔对曰"，相较于后面三个弟子都是在老师点名后回答，子路不被点名直接站起来回答，是其典型性格的表现，虽说年长者为先，但礼贵谦让，子路此举难免显得仓促无仪。综观四个弟子的回答，与他们个人的能力专长是紧密一致的。子路言勇，志向是能让一个夹处在大国之间的中等国家不挨打，他的治国意在强兵。冉有言富，比子路显得更加谦退，志向是能让一个小国的人民不挨饿，他的治国意在富民。公西华言礼，志向是在诸侯朝见天子的外交礼仪中做一个礼宾司的外交官，他治国意在礼乐文明。

如果按年龄来说，曾皙应该第二个作答，但他整个过程中一直在鼓瑟，表现出与众不同的气质。孟子点评过曾皙，说他是孔门中的狂者，一个很有个性的人。他没有像三位同门一样陈述常规意义上的为政才能，而是勾勒出一幅太平祥和的图景。他的"异乎三子者之撰"的"异"就在于曾皙所言与治国无关，三子积极入世，而曾皙却有出世的倾向。没想到的是，孔子对曾皙的回答喟然长叹，并给予赞许。

"喟然"和"与点"意蕴深远，耐人寻味。李零认为，曾皙描绘的图景落在了个体的充实和幸福上来，是前面三子所追求的强兵富民文明之后，更本质更终极性的追求。孔子有过"庶富教"的教育理念，曾皙的图景更切合了孔子心中所追慕的大同盛世的社会理想。值得揣摩的是，孔子是"喟然叹曰"而非"拍手称快"，情感中有其不得已与无奈。孔子主张入仕，也主张用舍行藏，春秋末期，天下无道，君子不用，孔门弟子理想受挫，故此时曾皙放浪形骸之外的出尘之想，独识时变的逍遥之态，从容自得乐趣于日常之间的理想唤起了孔子的慨然兴叹。在出处之间的徘徊与焦虑是中国士人的精神常态，孔子羡慕曾皙的出世之姿，但他对这个时代的"热心肠"，对学说主张的坚守，又不得不让他对这个世界有着忍不住的关怀。正如钱穆先生所说："然孔子固抱行道救世之志者，岂以忘世自乐，真欲与许巢伍哉？然则孔子之叹，所感深矣，诚学者所当细玩。"这一则孔子的形象是丰富的，他是温文尔雅的导师，重礼贵谦的君子，也是年老失意的志士，更是理想受挫，仍怀抱不忍弃的仁者。

三、孔子自述

1. 自述为学

1.1 为学阶段

子曰:"吾十有五而志于学,三十而立,四十而不惑,五十而知天命,六十而耳顺,七十而从心所欲,不逾矩。"

——《论语·为政》

【译文】

孔子说:"我十五岁,有志于学问;三十岁,(懂礼仪,)说话做事都有把握;四十岁,(掌握了各种知识,)不致迷惑;五十岁,得知天命;六十岁,一听别人言语,便可以分别真假,判明是非;到了七十岁,便随心所欲,任何念头不越出规矩。"

【解读】

此则是孔子自述其不同人生阶段的经历和感受。历来学者对每一句各有见解,具有丰富的可阐释性。

孔子的成就一不靠祖宗荫蔽、二不靠君王照顾,靠的是他自己的学习。孔子的学习不仅仅是学习文献典章,还包括礼仪制度、生存技能等。十五是古代所谓的成童之岁,古者十五而入大学,学习穷理、正心、修己、治人之道,也是一个人见识思虑变得坚定明朗的时期,这时适合专注学问,孔子也于十五岁开始一心向学。到了三十岁,经过十多年的社会化过程,应当立身于世,不需要依靠别人来生存,在社会上有了一定的地位,并且孔子还说"己欲立而立人":三十岁先自己立起来,然后再去帮助别人立住。到了四十岁,经过"志于学",有了知识的储备;经过十年的"立"于世,也有了经验的积累。志强而学广,很多事就会不再疑惑了,尤其是面对人生选择,价值评判,自己有了属于自己的价值体系,不会轻易受他人的影响而疑惑。孔子说"知者不惑",也正在于此。再到了五十岁,便应该知晓天命了。"天命"是个见仁见智的词。有人说"知天命"是知道了人生穷通之理；有人说是知道人生一切当然之道义与责任；有人说是经过了四十不惑之知人事，进而知自然之事；还有人说是知道了自己这一辈子能力学问或事业所能达到的天花板的高度。总之，五十对自己的人生已发生的和未发生的都会有了通透的认识。等到了六十岁，智识广博，有了丰富的人生体验，所听之言皆不逆于耳，即使没有亲眼见过，耳朵一听便知道怎么回事，或者可以理解为，外界一切相反的意见与言论，一切违逆自己的观点与刺激，虽入于耳，但不会感受有所不顺。这是经过长期的治学所达到的一种通达的境界。到了七十岁，经过长时期的学习，不惑于事，知晓天命，不逆于心，心性已成，即使放纵心意也不会逾越于法度之外，到了老年，食色等欲望也都看淡了，反而获得一种新的自由。

孔子作为圣人，学习是他最看重的地方。孔子所言的六个不同年龄阶段的感受，都可以视为是他一生通过学习所达到的境界。

1.2 学诲不倦

子曰："十室之邑，必有忠信如丘者焉，不如丘之好学也。"

——《论语·公冶长》

【译文】

孔子说："就是十户人家的地方，一定有像我这样又忠心又信实的人，只是赶不上我的喜欢学问罢了。"

子曰："默而识[1]之，学而不厌，诲[2]人不倦，何有于我哉[3]？"

——《论语·述而》

【注释】

1. 识（zhì）：记住。
2. 诲（huì）：教导。
3. 何有于我哉：这些事情对我有何难呀？另一种理解是"这些事情我做

到了哪些呢？"

【译文】

孔子说："（把所见所闻的）默默地记在心里，努力学习而不厌弃，教导别人而不疲倦，这些事情对我有何难呀？"

【解读】

这两则都是孔子谈及对自己好学勤学，不倦于学的自信。

孔子好学，而且他知道自己好学是超过别人的。哪怕是十户人家的小村子、村落。若论像自己一样品行忠信的人，肯定是有的，但好学这点上，都比不上孔子。孔子两岁的时候父亲就死了，他父亲是个大夫，他是寡母带大的。所以孔子起家靠的不是爹妈，而是学习，靠的是渊博的知识。孔子周游列国靠的是名声很大，走到哪儿，大家都说有大学问的人来了，我们要向他请教怎么富国强兵，等等。所以他靠的是好学，上进。所以孔子号召学习。这个还是浅层次的学习，学习真正的意义是改造我们的人生，把我们自然人改变成文化人，把生命的人改成精神的人，德行的人。这个就是要做君子。做一个在社会上有价值的人，做一个君子，这个是通过学习才能完成的。

第二则，孔子说了三件看似简单，学者可以自勉的事情：做个有心人，对日常所学默默记诵；勤学不满足；教导别人不知疲倦。但细细体会，不满足不疲倦这个劲头一般人是坚持不下来的。孔子却说这三件事情对于我来说，有何难处？这体现了孔子乐学好学的自信。

子曰："若圣与仁，则吾岂敢？抑为之不厌，诲人不倦，则可谓云尔[1]已矣。"公西华曰："正唯[2]弟子不能学也。"

——《论语·述而》

【注释】

1. 云尔：如此。
2. 唯：为。

【译文】

孔子说道:"讲到圣和仁,我怎么敢当?不过是学习和工作总不厌倦,教导别人总不疲劳,就是如此罢了。"公西华道:"这正是我们弟子学不到的。"

【解读】

这一则是孔子自谦的话。当时太宰等人就认为孔子太博学多能了,是一个圣者,但孔子却不敢自居为圣与仁。不过另一方面孔子又认可自己在朝着圣与仁的道路上不满足地学,不倦息地去教。"为之不厌"的"之"指的就是"圣与仁"。孔子是一个自强不息的躬行君子,虽然他还曾说过"躬行君子,则吾未之有得",但弟子们和今人看来这些都是我们所做不到的。所以这句话,钱穆先生说孔子这是"辞其名,居其实,难属谦辞"。

叶公[1]问孔子于子路,子路不对。子曰:"女奚[2]不曰:'其为人也,发愤忘食,乐以忘忧,不知老之将至云尔[3]。'"

——《论语·述而》

【注释】

1. 叶(shè):地名,当时属楚。
2. 奚:为何。
3. 云尔:云,如此;尔同"耳",而已,罢了。

【译文】

叶公向子路问孔子为人怎么样,子路不回答。孔子对子路道:"你为什么不这样说:'他的为人,用功便忘记吃饭,快乐便忘记忧愁,不晓得衰老会要到来,如此罢了。'"

【解读】

叶公是当时楚国的一个人。他问子路,孔子是一个怎么样的人呢?子路说不出来了。他虽然与孔子很亲近,但是要用一句话来概括老师,就不知道怎么说了。因为子路和孔子很亲近,所以孔子就说他,子路啊,平时你说话比谁都快，这下别人问你，你老师是个什么样子，你说不出来了。你为何不说呀？你说不出来，我来教你，你应该说，我老师他这个人呀，"发愤忘食，乐以忘忧，不知老之将至云尔"。这句话很重要，让我们看到了学习之于孔子的意义。发愤读书学习，忘记了吃饭，快乐而忘记了忧愁。学成之前是发愤忘食，学成之后，有了茅塞顿开的快乐，生命的境界被打开，会乐以忘忧。因为乐以忘忧所以不知自己将要老去，一般人都惧怕自己衰老，连衰老都已忘记，那就是真正得道后超然忘我的自由境界，生老病死都不能影响自己的本心了，这才是孔子所达到的生命境界。所以说，孔子坎坷的人生当中，保持着一种饱满的精神状态，这才是孔子。

【问题导引】

"好古"是孔子的文化选择。但有人认为，当今时代是强调创新与发展的时代，相对于"好古"，创新更为重要，你怎么看待"好古"与"创新"的关系？

1.3 好古广求

子曰："述而不作，信而好古，窃比于我老彭。"

——《论语·述而》

【译文】

孔子说："阐述而不创作，以相信的态度喜爱古代文化，我私自和我那老彭相比。"

子曰："我非生而知之者，好古，敏以求之者也。"

——《论语·述而》

【译文】

孔子说："我不是生来就有知识的人，而是爱好古代文化，勤奋敏捷去求得来的人。"

子曰:"盖有不知而作之者,我无是也。多闻,择其善者而从之;多见而识之,知之次也。"

——《论语·述而》

【译文】

孔子说:"大概有自己不懂却凭空造作的人吧,我没有这样的毛病。多听,选择其中好的加以学习;多看,全记在心里。我这样的知,是仅次于'生而知之'的。"

【解读】

这三则讲的是孔子获取知识的途径。一是汲取古代文化资源,一是多闻多见,广博地学习,补充自己知识的短板。总之,他是学而知之。

孔子好古,他说自己的为学方式是"述而不作",只负责传述周文化的那一套制度,不再制作另一套。"信而好古",是对古代的事情采取一种信任喜好的态度。这和"述而不作"是一样的。对过去的古代的东西不要老怀疑,而是要尊重它。"信而好古"意味着,你要研究一个对象,先尊重这个对象。近代我们有"疑古"思潮、"泥古"思潮、"释古"思潮。20世纪初的时候出现了所谓"疑古"思潮。当时社会有"五四"情节,充满反传统风气。史学家顾颉刚就提出"疑古",认为除了《论语》之外很多文献都是假的,都是后来人伪托的。可实际上随着大量文献的出土,"疑古"思潮破产了,没有人遵循"疑古"思潮了。实际上中国文明一万年前开始发祥,达到了很高的程度以后这些很多文献在商周就形成了。不像他们想象得那样。

所谓"泥古派",就是泥古不化,只要是圣人讲的就没错,这态度肯定不对。还有就是"释古",就是结合新材料对历史进行科学态度的研究。这个态度是比较好的。我们现在基本上遵循的是"释古派",用出土文献验证那些记载的文献得出一个结论。

孔子对待传统的态度是"信而好古",先抱着一种相信的态度去整理,并且说"窃比于我老彭",有人说老彭就是《庄子》里的彭祖,是个长寿者。孔子说我这样述而不作地学习、相信前人,就等于我也是个长寿者。读古人书,读西方的书,都是延伸我们的生命空间、延伸我们的生命长度。所以,孔子说做到这两点以后我觉得我的寿命延长了,我觉得我跟老彭差不多。

"好古"在期待自主创新的当下容易受到冷遇甚至是批判。现代科技文明是建立在西方科学文化体系之上,我们该如何对待传统的科技文化?有学者认为我国的科技是在继承的基础上进行自主创新。比如,中国著名的数学家吴文俊,最早发现中国古老的数学十分适合计算机时代,他称中国古代数学为"算法的数学"或"计算机的数学",并运用它创立了著名的"吴方法",在世界产生了巨大影响。

2. 自述为人

2.1 吾少也贱

太宰问于子贡曰:"夫子圣者与?何其多能也?"子贡曰:"固天纵[1]之将圣,又多能也。"子闻之,曰:"太宰知我乎!吾少也贱,故多能鄙事。君子多乎哉?不多也。"

——《论语·子罕》

【注释】

1. 纵:使、让。

【译文】

太宰向子贡问道:"夫子是圣人吗?为什么他这样多才多艺呢?"子贡说:"这本是上天想让他成为圣人,又让他多才多艺。"孔子听了这些话,说:"太宰知道我呀!我小时候贫贱,所以学会了不少鄙贱的技艺。君子会有很多技艺吗?不会有很多的。"

子曰:"富而可求也,虽执鞭之士[2],吾亦为之。如不可求,从吾所好。"

——《论语·述而》

【注释】

2. 执鞭之士:意思指地位低下的职事。

【译文】

孔子说:"财富如果可以合理求得的话,即使是做手拿鞭子的差役,我也愿意。如果不能合理求得,我还是做自己所爱好的事。"

【解读】

孔子早孤,家里贫穷,所以不得不很早出来谋求生计。孔子说他的多能,全是少年时期的落魄穷困导致的,地位卑贱,所作多为卑陋之事。《孟子》就记载说,孔子早年曾经主管过仓库委积之事,负责过牛羊放牧蕃息之事。这也都是他所要学习的内容。孔子对自己的出身丝毫没有隐瞒,但也承认这些是君子所不为的,君子学习的都是治国安邦的大道。

孔子年轻时从事的那些鄙贱的工作也影响了他对待富贵的态度。孔子不反对求取富贵,只要能够致富,哪怕从事低贱职业,那他也会去做。但是如果不可以求得,这种不可以,也许是求得的方式是不义的,是"不以其道"的,也许是"死生有命,富贵在天",是人力难以勉强的,也可以是能力不够,那他也不会刻意求之,只去做自己爱好的。这句话放在今天可能很符合在公司大厂打拼的员工的心声,用当下的语言转化一下,那就是如果给的钱到位,那就是端盘子倒水的活,我也干。如果钱不能到位,我就躺平或者离职干我喜欢干的去。今天的人求取财富的方式远多于古人,"从吾所好"而不是"富而可求"成为很多新时代青年的选择。相比于受拘束的一份有保障的,相对稳定,收入可观的工作,很多人越来越倾向于自由的工作。

2.2 安贫乐道

子曰:"饭疏食[1],饮水[2],曲肱[3]而枕之,乐亦在其中矣!不义而富且贵,于我如浮云。"

——《论语·述而》

【注释】

1. 疏食:粗粮。
2. 水:古代常以"汤"和"水"对言,"汤"是热水,"水"是冷水。

3. 肱：胳膊。

【译文】

孔子说："吃粗粮，喝冷水，弯着胳膊做枕头，也有着乐趣。干不正当的事而得来的富贵，我看来好像浮云。"

【解读】

这一章很容易让人联想起孔子称赞颜回"一箪食，一瓢饮，居陋巷，人不堪其忧，回也不改其乐"的句子。这两句都是写孔颜乐处。孔子和颜回乐什么？其实乐的都是一种人生境界。孔子说：吃着粗茶淡饭，喝清水，枕在手臂上睡觉，乐亦在其中啊。乐天知命，知足常乐，安详自在。"不义而富且贵，于我如浮云。"不凭道义得到的富贵，对于我来讲，就如天空中的浮云一般。这一句可以当作散文诗来读，它的意境表现的就是孔子的安详、自在、从容。

3. 自述己志

子贡曰："有美玉于斯，韫[1]椟而藏诸？求善贾[2]而沽诸？"子曰："沽之哉，沽之哉！我待贾者也。"

——《论语·子罕》

【注释】

1. 韫：收藏。
2. 善贾：好价钱。贾：同"价"。

【译文】

子贡道："这里有一块美玉，把它放在柜子里藏起来呢？还是求一个好价钱卖掉呢？"孔子道："卖掉，卖掉，我是在等待识货者哩。"

【解读】

这一则是孔门师生中很有场景化的一幕。大概是子贡看出来老师的怀道入仕之心，用打比喻的方式问了老师一个问题：今有一块美玉，到底是把它藏起来还是卖出去呢？意思就是一个贤才，到底是应该将自己隐居起来还是求得一个好仕途？孔子的回答颇能见其形象，一连两句"沽之哉"，表现出自己迫切的出仕之心。但孔子和子贡的不同在于，子贡问的是"求贾"，孔子说的是"待贾"，"用之则行，舍之则藏"，等待赏识自己的人君。《红楼梦》中贾雨村入仕前吟的一联"玉在椟中求善价，钗于奁内待时飞"中，"求善价"的"价"，谐"贾"音；"待时飞"的"时飞"是贾雨村的字，把贾雨村的抱负和姓字都融进去了。中国读书人把自己为官入仕比作商品卖出去，"学成文武艺，售于帝王家"，盖自此始。

子曰："周监于二代，郁郁乎文哉，吾从周。"

——《论语·八佾》

【译文】

孔子说："周朝的礼仪制度是以夏商两代为根据然后制定的，多么丰富多彩呀，我主张周朝的。"

公山弗扰[1]以费畔，召，子欲往。子路不说，曰："末之也已，何必公山氏之之也？"子曰："夫召我者而岂徒哉[2]？如有用我者，吾其为东周乎！"

——《论语·阳货》

【注释】

1. 公山弗扰：公山不狃，季氏私邑费地的家臣，与阳虎一道反叛了季氏。
2. 而岂徒哉："徒"下省略动宾结构，说完全是"而岂徒召我哉"。

【译文】

公山弗扰盘踞在费邑图谋造反，叫孔子去，孔子准备去。子路很不高兴，说道："没有地方去便算了，为什么一定要去公山氏那里呢？"孔子道："那个叫我去的人，难道是白白召我吗？假若有人用我，我将使周文王武王之道在东方复兴。"

【解读】

这两则都涉及孔子的政治志向，就是从周兴周。

文化从周是孔子在文化上的态度，他说周文化是借鉴了夏文化和商文化，达到了一种灿烂的程度。所以孔子要文化从周。孔子是个殷商后裔，但他绝不认为商朝文化就是最好的，他认为能够代表文化水平发展势头的是周礼，而不是殷商文化。

第二则的关键是孔子所表明的他应公山不狃之征召的原因。子路直脾气，不高兴写在脸上，认为即使时不我用，无所适往，就算了，何必非要去公山氏那儿呢？但孔子自有其抱负，认为我不能让他白召我，鲁在东边，周在西边，我要在东边的鲁国复兴周道。为什么阳虎征召不应，同为乱臣的公山不狃征召，孔子就动心了呢？其实，孔子这里很矛盾。李零先生说，坏蛋有大小，三桓是大坏蛋，阳虎、公山是小坏蛋。孔子固然不喜欢小坏蛋，但联合小坏蛋能打击大坏蛋。阳虎看不惯三桓的僭越，想让孔子出仕，壮大反季氏的势力。孔子支持这些权臣，能起到打击陪臣，维护公室的目的。不过，孔子最终还是没有前往。想去，体现的是孔子的抱负，最终不去，彰显的是孔子的智慧。与这一章相似，《论语》中还记载了赵简子的家臣佛肸征召孔子，但都是只记录了孔子之"欲往"，而不记其"卒不往"。后者自有其原因，而前者足见夫子之志。

颜渊、季路侍。子曰："盍各言尔志？"子路曰："愿车、马、衣、轻裘，与朋友共，敝之而无憾。"颜渊曰："愿无伐善，无施劳。"子路曰："愿闻子之志。"子曰："老者安之，朋友信之，少者怀之。"

——《论语·公冶长》

【译文】

孔子坐着，颜渊、季路两人站在孔子身边。孔子道："何不各人说说自己的志向？"子路道："愿意把我的车马衣服同朋友共同使，用坏了也没有什么不满。"颜渊道："愿意不夸耀自己的好处，不表白自己的功劳。"子路向孔子道:"希望听到您的志向。"孔子道:"(我的志向是,)老者使他安逸,朋友使他信任我,年轻人使他怀念我。"

【解读】

　　颜回和季路都陪伴在孔子身边。孔子就说,你们何不各人说说各人的志向呢?子路就说,我愿意把我的车马衣服和朋友共同享受。子路就是一种有福同享的情怀,有车子、有马、有衣服,那就和朋友共享,即使穿烂了、用烂了也不觉得遗憾。颜回就说,我希望不自夸我的德行,也不夸大我的功劳。子路性情很急躁,他问老师:您的志向是什么呢?孔子就说:"老者安之,朋友信之,少者怀之。"这句话因对"之"的理解的不同,主要有两种理解。第一种,"之"指的是他人,老者我让他能安享晚年;朋友我要给予他们信任,也就是说我要让朋友信任我;比我年少的人,应该给予他们关怀。第二种,"之"都是指的孔子。老者使他安逸,朋友使他信任我,年轻人使他怀念我。

　　这就是孔子的志愿。这是一种什么志愿啊?是使天下之人都能各得其所,各顺其性,都能相安,和睦相处。子路是愿共物,颜回是愿共善,而孔子是愿天下之人各得其所。程子曰,"夫子安仁,颜渊不违仁,子路求仁",这就是他们三个人的境界了,孔子安于仁者的境界,仁者安仁;颜渊是不违背仁德;而子路是求仁。他要求达到仁德的境界。他们三个人的志向都是幸福愿与大家共享,但是享的是不一样的。子路只是把自己的器物拿来大家共享,颜回是把自己的道德拿来大家共享,而孔子是把自己的人生境界,把自己的这种安详拿来大家共享。这段话正体现了圣贤气象的差异。圣贤皆善,但境界有不同,圣人的志向与天地相同,即长养万物,这是孔子的追求,也是儒家的最高追求。

【问题导引】

　　"理想和现实"是所有人都可能面对的一组矛盾。当实现理想之路不太容易走得通,或者其间会面临很多的嘲讽、鄙夷、不解和挫折,甚至他还很可能因为坚持理想而一生郁郁不得志,穷困潦倒,颠沛流离。你会依然坚持

第十讲 "老者安之,朋友信之,少者怀之":孔子是个大生命

心中的理想之路吗?

仪封人请见[1],曰:"君子之至于斯也,吾未尝不得见也。"从者见之。出曰:"二三子[2]何患于丧乎?天下之无道也久矣,天将以夫子为木铎。"

——《论语·八佾》

【注释】

1. 请见:请求接见。
2. 二三子:诸君。

【译文】

仪这个地方的边防官请求孔子接见他,说道:"所有到了这个地方的有道德学问的人,我从没有不和他见面的。"孔子的随行学生请求孔子接见了他。他辞出以后,对孔子的学生们说:"你们这些人为什么着急没有官位呢?天下黑暗日子也长久了,(圣人也该有得意的时候了,)上天会要让他老人家做人民的导师呢。"

【解读】

仪,是卫国,今天河南省的一个地名,封人就是看边界的小官员。仪封人说只要有君子品德的人到了我们国家,到了卫国,我从来都要见一见,于是跟从孔子的人就安排他与孔子见面了。见面出来之后,这个封人就对孔子的学生说,诸位同学呀,你们不要怕"丧"——因为孔子出游比较早的时候,刚从鲁国出来,离开了父母之邦,政治上失位,担心国家丧亡。因为天下已经无道这么长时间了,老天爷派你们的夫子来当木铎呀。铎是铃铛,木铎是用木头做的铃铛。古代木铎为文,用以宣教布政,金铎为武,用以指挥军队。古代天子发布政教,先摇晃木铎来号召,警示民众,所谓"木铎起而千里应"。仪封人看出孔子有志来拯救这个世界,说天下无道,老天爷派孔子下来警醒大家,号召大家,言下之意就是大家应充满希望。不得不说这个仪封人很有先知者的意味,后来"木铎"也成为师者的代名词。

子路宿于石门。晨门曰:"奚自?"子路曰:"自孔氏。"曰:"是知其不可而为之者与?"

——《论语·宪问》

【译文】

子路在石门住宿了一夜。早上守城门的人说:"从哪儿来?"子路说:"从孔子家来。"门人说:"就是那位知道做不成却还要做的人吗?"

【解读】

这一章的关键是鲁国守城门的人对孔子的评价。"知其不可而为之"成了对孔子乃至后世儒家一批有担当道义的知识分子最具代表性的评价之一。儒家学者以及受儒家洗礼的知识分子的一个特征就是对这个社会抱有极大的关切和热忱,哪怕知道道之不行,哪怕口头说"天下有道则仕,无道则隐",仍对这个世界怀有"忍不住的关怀",怀着兼济挽救天下的使命感。

长沮、桀溺耦而耕[1],孔子过之,使子路问津焉。

长沮曰:"夫执舆者为谁?"子路曰:"为孔丘。"

曰:"是鲁孔丘与?"曰:"是也。"

曰:"是知津矣。"

问于桀溺,桀溺曰:"子为谁?"

曰:"为仲由。"

曰:"是鲁孔丘之徒与?"对曰:"然。"

曰:"滔滔[2]者天下皆是也,而谁以易之?且而与其从辟人之士也,岂若从辟世之士哉?"耰[3]而不辍。

子路行以告,夫子怃然[4]曰:"鸟兽不可与同群,吾非斯人之徒[5]与而谁与?天下有道,丘不与易也。"

——《论语·微子》

【注释】

1. 耦而耕:"耦"通"偶",两人并耕称耦,古代的一种耕田方式。

2. 滔滔：水流而不返的样子，这里同时喻指世道之乱。

3. 耰（yōu）：耕作。

4. 怃（wǔ）然：失意的样子。

5. 徒：类。

【译文】

长沮和桀溺并肩耕地，孔子从他们那里经过，让子路去打听渡口在哪里。

长沮问道："那个驾车的人是谁？"子路说："是孔丘。"

长沮又问："是鲁国的孔丘吗？"子路说："是的。"

长沮说："他应该知道渡口在哪儿。"

子路又向桀溺打听，桀溺说："你是谁？"

子路说："我是仲由。"桀溺说："是鲁国孔丘的学生吗？"子路回答说："是的。"

桀溺答道："普天之下到处都像滔滔洪水一样混乱，和谁去改变这种状况呢？况且你与其跟从逃避坏人的人，还不如跟从逃避污浊尘世的人呢。"说完，还是不停地用土覆盖播下去的种子。

子路回来告诉了孔子。孔子怅然若失地说："人是不能和鸟兽合群共处的，我不和世人在一起又能和谁在一起呢？如果天下有道，我就不和你们一起来改变它了。"

【解读】

根据司马迁《孔子世家》的记载，这是发生在孔子"去叶返于蔡"途中的故事。长沮、桀溺应该不是人的真实名字。《论语》中记载孔子周游列国碰到的人物"晨门""丈人""接舆"都是以他们的职位或身份来指称的。有学者认为个子高的叫"长"，个子矮的叫"桀"，"沮""溺"是表明二人隐居沉沦的身份。

理解这一章的关键一是在"问津"，一是在孔子的"怃然曰"。

孔子及其弟子迷失在寻找渡口的路途中，遇到了两位隐者。子路作为大弟子前去寻问渡口。但当长沮桀溺知道前来问讯的是鲁国的孔丘与孔丘之徒仲由的时候，所给出的回答便弯弯绕起来。为什么长沮说孔子"是知津也"？长沮的回复略带讥讽，他所说的"津"非自然渡口，乃人生路口，言外之意就是鲁国的孔丘周游天下，难道还用得着来问我吗？他肯定是知道出路在哪儿的，要不然也不会这么多年始终如一地周流于世啊。桀溺的意思更加直接，认为天下纷扰，一切皆恶，没有谁可以改变，甚至以此招揽子路，说他与其跟随孔子躲避坏人，为何不随同自己躲避乱世呢？同样，最终没有告知子路渡口何在。

当孔子听说了子路的转告，为他们不了解自己却讥讽自己感到很失落，于是说道，隐居山林是与鸟兽同群，而我自然应该同天下人同群，怎么能跟从在鸟兽后面与它们为伍呢？天下现在但凡有道，那我也不用去改变它了。其言外之意是正因为天下无道，所以我要去改变它。孔子一方面说天下无道则隐，另一方面他又不忍忘天下、弃天下，这是儒家的热心肠，也是他们的道义担当。明末清初的顾炎武七律《偶来》中有一句"鸟兽同群终不忍，辙环非是为身谋"，就用了这里的典故，写他偶然来到一处风景胜绝的地方，但终于不忍终老于此处，为了抗清多处辗转，奔波不为己身。孔子救世的使命感对后世影响深远。

四、弟子眼中的夫子

1. 仁智勇兼备

　　子曰："君子道¹者三，我无能焉²：仁者不忧，知者不惑，勇者不惧。"子贡曰："夫子自道也³。"

——《论语·宪问》

【注释】

　　1. 道：道德修养。

　　2. 我无能焉：我没有能够做到。

　　3. 夫子自道也：这正是老师自己说自己啊。

【译文】

孔子说:"君子所行的三件事,我一件也没能做到:仁德的人不忧虑,智慧的人不迷惑,勇敢的人不惧怕。"子贡道:"这正是他老人家对自己的叙述呢。"

【解读】

智、仁、勇三者,古人称之"三达德",是人类心理——知、情、意("知"指的是认知、观念;"情"指的是情绪、情感;"意"指的是意志)三部分圆满发达的状态,也是人类道德的重要原则。孔子很谦虚,说自己并没有做到。仁者怎么会不忧呢?因为仁者爱人,乐天知命,讲求忠恕之道,故能不忧。智慧的人,有丰富的学识,有足够的判断力,就能不惑。勇者意志坚强,所以能不畏惧。孔子说"我无能焉",但子贡心里知道老师,德高道深,充分具备君子的三达德,所以说,"夫子自道也"。您这说的正是您自己呢。

2. 圣人无常师

卫公孙朝[1]问于子贡曰:"仲尼焉学?"子贡曰:"文武之道未坠于地,在人。贤者识[2]其大者,不贤者识其小者。莫不有文武之道焉,夫子焉不学?而亦何常师之有?"

——《论语·子张》

【注释】

1. 公孙朝:卫国大夫。
2. 识:志,记录。

【译文】

卫国的公孙朝向子贡问道:"仲尼的学问是从哪里学的?"子贡说:"周文王和周武王之道,并没有失传,还留存在人间。贤能的人掌握了其中重要部分,不贤能的人只记住了细枝末节。周文王和周武王之道是无处不在的,老师从哪儿不能学呢?而且又何必有固定的老师呢?"

【解读】

　　孔子和弟子在卫国的时候，卫国的大夫大概觉得孔子的学问特别好，怀疑他是不是生而知之者，于是便问子贡孔子师从于谁。韩愈的《师说》："孔子师郯子、苌弘、师襄、老聃。"郯子这些人才能品德都不及孔子，但孔子都曾向他们问学。韩愈所说的"圣人无常师"的话就是从子贡这里来的。文武之道就是先王之道，就是周代的礼乐文章，这些并没有失传，而是体现在人们的言语和行动中，被后人所继承，这其中就包括孔子。孔子在困境中说过："文王既没，文不在兹乎？"（《论语·子罕》）《礼记》也说孔子是"祖述尧舜，宪章文武"，以文化传统继承人自居。但是前代的文化散落人间，不同的人获得的却不一样，才能大的，中人以上者能从先王之道中获得大的裨益，比如治国安邦的经验等；才能小的，中人以下者则会获得一些细枝末节。这就好比说一群人一起学习，老师有了，学习资料也有了，贤与不贤的学生的收获是不一样的。孔子能有如此大的学问和他对文武之道无所不从，广泛地学习是密不可分的。

3. 高山仰止

　　叔孙武叔语大夫于朝曰："子贡贤于仲尼。"子服景伯以告子贡。子贡曰："譬之宫墙，赐之墙也及肩，窥见室家之好。夫子之墙数仞，不得其门而入，不见宗庙之美，百官之富。得其门者或寡矣，夫子之云不亦宜乎！"

——《论语·子张》

【译文】

　　叔孙武叔在朝廷中对官员们说："子贡比他老师仲尼要强些。"子服景伯便把这话告诉子贡。子贡道："拿房屋的围墙做比喻吧：我家的围墙只有肩膀那么高，谁都可以探望到房屋的美好。我老师的围墙却有几丈高，找不到大门走进去，就看不到他那宗庙的雄伟，房舍的多种多样。能够找着大门的人或许不多吧，那么，武叔他老人家的这话，不也是自然的吗？"

第十讲 "老者安之，朋友信之，少者怀之"：孔子是个大生命

叔孙武叔毁仲尼。子贡曰："无以为也！仲尼不可毁也。他人之贤者，丘陵也，犹可逾也；仲尼，日月也，无得而逾焉。人虽欲自绝，其何伤于日月乎？多见其不知量也。"

——《论语·子张》

【译文】

叔孙武叔毁谤仲尼。子贡道："不要这样做！仲尼是毁谤不了的。别人的贤能，好比山丘，还可以超越过去；仲尼，简直是太阳和月亮，不可能超越。人家纵是要自绝于太阳月亮，那对太阳月亮又有什么损害呢？这只是表示他不自量罢了。"

【解读】

孔子名声大，有说他是圣人的，但也有觉得他未得大用，诋毁他的。鲁国大夫叔孙武叔、陈子禽等就毁谤过孔子，反倒是子贡后期在鲁国出仕，叔孙武叔认为子贡贤于孔子。这两则子贡面对把自己抬高到夫子之上以及对夫子的诋毁，义正词严地阐明自己的态度。子贡说，自己之于孔子那就好比是及肩之高的矮墙和数仞之高的宫墙，自己只不过是普通的室家之好，而孔子是富丽堂皇的宗庙之美。普通人的贤能与孔子相比那就是萤烛之火与日月争光，只有没见过世面和不自量力的人才敢质疑毁谤夫子。司马迁在《孔子世家》对孔子的评价"高山仰止，景行行止，虽不能至，心向往之"也正是这样的意思。

这两则应为孔子殁后之事，子贡的这两则评价维护了孔子的尊严名誉。所以钱穆先生评价道："惟子贡，当孔子殁时，名位已显，又最为诸弟子之长，领袖群贤，昌明师傅，厥功为大。"

问题与讨论

1. 学习完本讲，你对孔子有了更新的了解吗？请围绕"我所认识的孔子"写一段文字，谈谈你对孔子的认识。

2. 在"仪封人请见"这一则《论语》中，仪封人与孔子见面交谈的细节

没有任何交代,从文学性的角度来说,这反而为读者提供了留白。请结合你对孔子的认识,写一段记叙描写性的文字,想象二人见面交谈的场景。

3. 达巷党人曰:"大哉孔子!博学而无所成名。"子闻之,谓门弟子曰:"吾何执?执御乎?执射乎?吾执御矣。"(《论语·子罕》)

达巷党人对孔子的评论是赞扬还是讽刺?孔子的回答又是什么意思?有以下两种解读,你更认同哪一种?

(1)达巷党人赞美孔子学问之广博,乃至于没有一项可以给他成名的。孔子的回答是谦虚,古代射与御都属于技艺,但御较卑,射较尊,孔子谦言若能以一艺而成名,则应该选择执御。

(2)达巷党人讥讽孔子,这么博学却不能以专精成一家之名。孔子则是拿射、御打比方予以回复。古代作战射御互相配合,射手专瞄一点,在求精;御手到处跑,目标在博。孔子是在替自己选择博做辩护。

参考书目

鲍鹏山：《〈论语〉导读》，中国青年出版社。

高尚榘主编：《论语歧解辑录》，中华书局。

李里：《论语讲义》，广西师范大学出版社。

李零：《丧家狗——我读〈论语〉》，山西人民出版社。

李山：《先秦文化史讲义》，中华书局。

李山：《永不妥协的大生命——孔子的一生》，江西人民出版社。

李小龙：《读懂〈论语〉的六堂课——李小龙讲〈论语〉》，北京师范大学出版社。

李鍌等：《国学基本教材——论语卷》，新华出版社。

李泽厚：《论语今读》，三联书店。

钱宁：《新论语》，三联书店。

钱穆：《论语新解》，巴蜀书社。

孙钦善：《论语本解》，三联书店。

夏传才：《论语讲座》，广西师范大学出版社。

杨伯峻：《论语译注》，中华书局。

杨逢彬：《论语新注新译》，北京大学出版社。

杨树达：《论语疏证》，江西人民出版社。

中华书局编辑部：《中华文化基础教材·高一年级》。